Conteurs du XVIIIe Siècle

L'Abbé Prévost

Manon Lescaut

TOME II

PARIS
LIBRAIRIE DES BIBLIOPHILES
E. FLAMMARION
26, RUE RACINE, 26

LES CONTEURS DU XVIIIe SIÈCLE

L'Abbé Prévost

LES CONTEURS DU XVIIIe SIÈCLE

Nouvelle Collection illustrée à 2 fr. 50 le volume.

EN VENTE :

MEUSNIER DE QUERLON. — Psaphion ou la Courtisane de Smyrne. . . . . 1 vol.

CRÉBILLON FILS. — Le Sopha. . . . . 2 vol.

BESENVAL. — Le Spleen. . . . . 1 vol.

LA MORLIÈRE. — Angola. . . . . 1 vol.

DUCLOS. — Histoire de Madame de Luz. . . . . . 1 vol.

CAYLUS. — Histoire de M. Guillaume, cocher. . . 1 vol.

L'ABBÉ PRÉVOST. — Histoire d'une Grecque moderne. . . . . 2 vol.

L'ABBÉ PRÉVOST. — Manon Lescaut . . . . 2 vol.

DULAURENS. — Imirce, ou la fille de la Nature. . 1 vol.

SOUS PRESSE :

CHEVRIER. — Le Colporteur . . . . 1 vol.

EN PRÉPARATION :

Barrett. — Restif de la Bretonne. — Godard d'Aucourt. — Gazotte. — Voisenon. — La Clos. — Pigault-Lebrun, etc.

(Chaque ouvrage de la collection des *Conteurs du XVIIIe Siècle* est illustré du portrait de l'auteur, et de plusieurs dessins de E.-P. MILIO.)

« Je pressai Manon de fuir.... »
(Page 20.)

LES CONTEURS DU XVIIIe SIÈCLE

L'Abbé Prévost

MANON LESCAUT

TOME II

Dessins de HÉDOUIN et de E.-P. MILIO

PARIS
LIBRAIRIE DES BIBLIOPHILES
E. FLAMMARION
26, RUE RACINE, 26

Manon Lescaut

(Suite)

PREMIÈRE PARTIE

(Suite)

Lorsque je me trouvai muni de l'instrument de ma liberté, je ne doutai presque plus du succès de mon projet. Il était bizarre et hardi; mais de quoi n'étais-je pas capable avec les motifs qui m'animaient? J'avais remarqué, depuis qu'il m'était permis de sortir de ma chambre et de me promener dans les galeries, que le portier apportait chaque soir les clefs de toutes les portes au supérieur, et qu'il régnait ensuite un profond silence dans la maison, qui marquait que tout le monde était retiré. Je pouvais aller sans obstacle, par une galerie de communication, de ma chambre à celle de ce Père. Ma résolution était de lui prendre ses clefs, en l'épouvantant avec mon pistolet s'il faisait difficulté de me les donner, et de m'en servir pour gagner la rue. J'en attendis le temps avec impatience. Le portier vint à l'heure ordinaire, c'est-à-dire un peu après neuf heures. J'en laissai passer encore une, pour m'assurer que tous les religieux et les domestiques étaient endormis. Je partis enfin, avec mon arme et une chandelle allumée. Je frappai d'abord doucement à la porte du Père, pour l'éveiller sans bruit. Il m'entendit au second coup, et, s'imaginant sans doute que c'était quelque religieux qui se trouvait mal et qui avait besoin de secours, il se leva pour m'ouvrir. Il eut néanmoins la précaution de demander au travers de la porte qui c'était et ce qu'on voulait de lui. Je fus obligé de me nommer ; mais j'affectai un ton plaintif, pour lui faire comprendre que je ne me trouvais pas bien.

« Ah ! c'est vous, mon cher fils, me dit-il en ouvrant la porte. Qu'est-ce donc qui vous amène si tard ? »

J'entrai dans sa chambre, et, l'ayant tiré à l'autre bout, opposé à la porte, je lui déclarai qu'il m'était impossible de demeurer plus longtemps à Saint-Lazare; que la nuit était un temps commode pour sortir sans être aperçu, et que j'attendais de son amitié qu'il consentirait à m'ouvrir les portes, ou à me prêter ses clefs pour les ouvrir moi-même.

Ce compliment devait le surprendre. Il demeura quelque temps à me considérer sans me répondre ; comme je n'en avais pas à perdre, je repris la parole pour lui dire que j'étais fort touché de toutes ses bontés, mais que, la liberté étant le plus cher de tous les biens, surtout pour moi, à qui on la ravissait injustement, j'étais résolu de me la procurer cette nuit même, à quelque prix que ce fût, et, de peur qu'il ne lui prît envie d'élever la voix pour appeler du secours, je lui fis voir une honnête raison de silence que je tenais sous mon justaucorps.

« Un pistolet! me dit-il. Quoi ! mon fils, vous voulez m'ôter la vie pour reconnaître la considération que j'ai eue pour vous?

— A Dieu ne plaise! lui répondis-je. Vous avez trop d'esprit et de raison pour me mettre dans cette nécessité; mais je veux être libre, et j'y suis si résolu, que, si mon projet manque par votre faute, c'est fait de vous absolument!

— Mais, mon cher fils, reprit-il d'un air pâle et effrayé, que vous ai-je fait? Quelle raison avez-vous de vouloir ma mort?

— Eh, non! répliquai-je avec impatience, je n'ai pas dessein de vous tuer; si vous voulez vivre, ouvrez-moi la porte, et je suis le meilleur de vos amis. »

J'aperçus les clefs, qui étaient sur sa table; je les pris, et je le priai de me suivre, en faisant le moins de bruit qu'il pourrait.

Il fut obligé de s'y résoudre. A mesure que nous avançions et qu'il ouvrait une porte, il me répétait avec un soupir :

« Ah! mon fils, ah! qui l'aurait jamais cru?

— Point de bruit, mon Père! » répétai-je de mon côté à tout moment.

Enfin nous arrivâmes à une espèce de barrière qui est avant la grande porte de la rue. Je me croyais déjà libre, et j'étais derrière le Père avec ma chandelle dans une main et mon pistolet dans l'autre.

Pendant qu'il s'empressait d'ouvrir, un domestique, qui couchait dans une petite chambre voisine, entendant le bruit de quelques verrous, se lève et met la tête à sa porte. Le bon Père le crut apparemment capable de m'arrêter. Il lui ordonna avec beaucoup d'imprudence de venir à son secours. C'était un puissant coquin, qui s'élança sur moi sans balancer. Je ne le marchandai point : je lui lâchai le coup au milieu de la poitrine.

« Voilà de quoi vous êtes cause, mon Père, dis-je assez fièrement à mon guide. Mais que cela ne vous empêche point d'achever! » ajoutai-je en le poussant vers la dernière porte.

Il n'osa refuser de l'ouvrir. Je sortis heureusement, et je trouvai à quatre pas Lescaut qui m'attendait avec deux amis, suivant sa promesse.

Nous nous éloignâmes. Lescaut me demanda s'il n'avait pas entendu tirer un pistolet.

« C'est votre faute, lui dis-je ; pourquoi me l'apportiez-vous chargé? »

Cependant je le remerciai d'avoir eu cette précaution, sans laquelle j'étais sans doute à Saint-Lazare pour longtemps. Nous allâmes passer la nuit chez un traiteur, où je me remis un peu de la mauvaise chère que j'avais fait depuis près de trois mois. Je ne pus néanmoins m'y livrer au plaisir. Je souffrais mortellement dans Manon.

« Il faut la délivrer, dis-je à mes trois amis. Je n'ai souhaité la liberté que dans cette vue. Je vous demande le secours de votre adresse; pour moi j'y emploierai jusqu'à ma vie! »

Lescaut, qui ne manquait pas d'esprit et de prudence, me représenta qu'il fallait aller bride en main; que mon évasion de Saint-

Lazare, et le malheur qui m'était arrivé en sortant, causeraient infailliblement du bruit; que le lieutenant général de Police me ferait chercher et qu'il avait les bras longs; enfin que, si je ne voulais pas être exposé à quelque chose de pis que Saint-Lazare, il était à propos de me tenir couvert et renfermé pendant quelques jours, pour laisser au premier feu de mes ennemis le temps de s'éteindre. Son conseil était sage; mais il aurait fallu l'être aussi pour le suivre. Tant de lenteur et de ménagement ne s'accordait pas avec ma passion. Toute ma complaisance se réduisit à lui promettre que je passerais le jour suivant à dormir. Il m'enferma dans sa chambre, où je demeurai jusqu'au soir.

J'employai une partie de ce temps à former des projets et des expédients pour secourir Manon. J'étais bien persuadé que sa prison était encore plus impénétrable que n'avait été la mienne. Il n'était pas question de force et de violence : il fallait de l'artifice ; mais la déesse même de l'invention n'aurait pas su par où commencer. J'y vis si peu de jour, que je remis à considérer mieux les choses lorsque j'aurais pris quelques informations sur l'arrangement intérieur de l'Hôpital.

Aussitôt que la nuit m'eût rendu la liberté, je priai Lescaut de m'accompagner. Nous liâmes conversation avec un des portiers, qui nous parut homme de bon sens. Je feignis d'être un étranger qui avait entendu parler avec admiration de l'Hôpital Général, et de l'ordre qui s'y observe. Je l'interrogeai sur les plus minces détails, et, de circonstances en circonstances, nous tombâmes sur les administrateurs, dont je le priai de m'apprendre les noms et les qualités. Les réponses qu'il me fit sur ce dernier article me firent naître une pensée dont je m'applaudis aussitôt, et que je ne tardai point à mettre en œuvre. Je lui demandai, comme une chose essentielle à mon dessein, si ces messieurs avaient des enfants. Il me dit qu'il ne pouvait pas m'en rendre un compte certain, mais que pour M. de T***, qui était un des principaux, il lui connaissait un fils en âge d'être marié, qui était venu plusieurs fois à l'Hôpital avec son père. Cette assurance me suffisait.

Je rompis presque aussitôt notre entretien, et je fis part à Lescaut, en retournant chez lui, du dessein que j'avais conçu.

« Je m'imagine, lui dis-je, que M. de T*** le fils, qui est riche et de bonne famille, est dans un certain goût de plaisirs, comme la plupart des jeunes gens de son âge. Il ne saurait être ennemi des femmes, ni ridicule au point de refuser ses services pour une affaire d'amour. J'ai formé le dessein de l'intéresser à la liberté de Manon. S'il est honnête homme et qu'il ait des sentiments, il nous accordera son secours par générosité. S'il n'est point capable d'être conduit par ce motif, il fera du moins quelque chose pour une fille aimable, ne fût-ce que par l'espérance d'avoir part à ses faveurs. Je ne veux pas différer de le voir, ajoutai-je, plus longtemps que jusqu'à demain. Je me sens si consolé par ce projet, que j'en tire un bon augure. »

Lescaut convint lui-même qu'il y avait de la vraisemblance dans mes idées, et que nous pouvions espérer quelque chose par cette voie. J'en passai la nuit moins tristement.

Le matin étant venu, je m'habillai le plus proprement qu'il me fut possible dans l'état d'indigence où j'étais, et je me fis conduire dans un fiacre à la maison de M. de T***. Il fut surpris de recevoir la visite d'un inconnu. J'augurai bien de sa physionomie et de ses civilités. Je m'expliquai naturellement avec lui, et, pour échauffer ses sentiments naturels, je lui parlai de ma passion et du mérite de ma maîtresse comme de deux choses qui ne pouvaient être égalées que l'une par l'autre. Il me dit que, quoiqu'il n'eût jamais vu Manon, il avait entendu parler d'elle, du moins s'il s'agissait de celle qui avait été la maîtresse du vieux G*** M***. Je ne doutai point qu'il ne fût informé de la part que j'avais eue à cette aventure, et, pour le gagner de plus en plus en me faisant un mérite de ma confiance, je lui racontai le détail de tout ce qui était arrivé à Manon et à moi.

« Vous voyez, Monsieur, continuai-je, que l'intérêt de ma vie et celui de mon cœur sont maintenant entre vos mains. L'un ne m'est pas plus cher que l'autre. Je n'ai point de réserve avec vous, parce que je suis informé de votre générosité, et que la ressemblance de nos âges me fait espérer qu'il s'en trouvera quelqu'une dans nos inclinations. »

Il parut fort sensible à cette marque d'ouverture et de candeur. Sa réponse fut celle d'un homme qui a du monde et des sentiments, ce que le monde ne donne pas toujours et qu'il fait perdre souvent. Il me dit qu'il mettait ma visite au rang de ses bonnes fortunes, qu'il regarderait mon amitié comme une de ses plus heureuses acquisitions, et qu'il s'efforcerait de la mériter par l'ardeur de ses services. Il ne promit pas de me rendre Manon, parce qu'il n'avait, me dit-il, qu'un crédit médiocre et mal assuré; mais il m'offrit de me procurer le plaisir de la voir, et de faire tout ce qui serait en sa puissance pour la remettre entre mes bras. Je fus plus satisfait de cette incertitude de son crédit que je ne l'aurais été d'une pleine assurance de remplir tous mes désirs. Je trouvai dans la modération de ses offres une marque de franchise dont je fus charmé. En un mot, je me promis tout de ses bons offices. La seule promesse de me faire voir Manon m'aurait fait tout entreprendre pour lui. Je lui marquai quelque chose de ces sentiments d'une manière qui le persuada aussi que je n'étais pas d'un mauvais naturel. Nous nous embrassâmes avec tendresse, et nous devînmes amis, sans autre raison que la bonté de nos cœurs, et une simple disposition qui porte un homme tendre et généreux à aimer un autre homme qui lui ressemble.

Il poussa les marques de son estime bien plus loin; car, ayant combiné mes aventures et jugeant qu'en sortant de Saint-Lazare je ne devais pas me trouver à mon aise, il m'offrit sa bourse, et il me pressa de l'accepter. Je ne l'acceptai point; mais je lui dis :

« C'est trop, mon cher Monsieur! Si avec tant de bonté et d'amitié vous me faites revoir ma chère Manon, je vous suis attaché pour la vie. Si vous me rendez tout à fait à cette chère créature, je ne croirai pas être quitte en versant tout mon sang pour vous servir. »

Nous ne nous séparâmes qu'après être convenus du temps et du lieu où nous devions nous retrouver; il eut la complaisance de ne pas me remettre plus loin que l'après-midi du même jour.

Je l'attendis dans un café, où il vint me rejoindre vers les quatre heures, et nous prîmes ensemble le chemin de l'Hôpital. Mes genoux étaient tremblants en traversant les cours.

« Puissance d'amour! disais-je, je reverrai donc l'idole de mon cœur, l'objet de tant de pleurs et d'inquiétudes! Ciel! conservez-moi assez de vie pour aller jusqu'à elle, et disposez après cela de ma fortune et de mes jours; je n'ai plus d'autre grâce à vous demander! »

M. de T*** parla à quelques concierges de la maison, qui s'empressèrent de lui offrir tout ce qui dépendait d'eux pour sa satisfaction. Il se fit montrer le quartier où Manon avait sa chambre, et l'on nous y conduisit avec une clef d'une grandeur effroyable qui servit à ouvrir sa porte. Je demandai au valet qui nous menait, et qui était celui qu'on avait chargé du soin de la servir, de quelle manière elle avait passé le temps dans cette demeure. Il nous dit que c'était une douceur angélique; qu'il n'avait jamais reçu d'elle un mot de dureté; qu'elle avait versé continuellement des larmes pendant les six premières semaines après son arrivée ; mais que depuis quelque temps elle paraissait prendre son malheur avec plus de patience, et qu'elle était occupée à coudre du matin jusqu'au soir, à la réserve de quelques heures qu'elle employait à la lecture. Je lui demandai encore si elle avait été entretenue proprement. Il m'assura que le nécessaire du moins ne lui avait jamais manqué.

Nous approchâmes de la porte. Mon cœur battait violemment. Je dis à M. de T*** :

« Entrez seul, et prévenez-la sur ma visite, car j'appréhende qu'elle ne soit trop saisie en me voyant tout d'un coup. »

La porte nous fut ouverte. Je demeurai dans la galerie. J'entendis néanmoins leur discours. Il lui dit qu'il venait lui apporter un peu de consolation ; qu'il était de mes amis, et qu'il prenait beaucoup d'intérêt à notre bonheur. Elle lui demanda avec le plus vif empressement si elle apprendrait de lui ce que j'étais devenu. Il lui promit de m'amener à ses pieds, aussi tendre, aussi fidèle qu'elle pouvait le désirer.

« Quand ? reprit-elle.

— Aujourd'hui même, lui dit-il ; ce bienheureux moment ne tardera point ; il va paraître à l'instant si vous le souhaitez. »

Elle comprit que j'étais à la porte. J'entrai lorsqu'elle y accourait avec précipitation. Nous nous embrassâmes avec cette effusion de tendresse qu'une absence de trois mois fait trouver si charmante à de parfaits amants. Nos soupirs, nos exclamations interrompues, mille noms d'amour répétés languissamment de part et d'autre, formèrent pendant un quart d'heure, une scène qui attendrissait M. de T***.

« Je vous porte envie, me dit-il en nous faisant asseoir ; il n'y a point de sort glorieux auquel je ne préférasse une maîtresse si belle et si passionnée !

— Aussi mépriserais-je tous les empires du monde, lui répondis-je, pour m'assurer le bonheur d'être aimé d'elle ! »

Tout le reste d'une conversation si désirée ne pouvait manquer d'être infiniment tendre. La pauvre Manon me raconta ses aventures, et je lui appris les miennes. Nous pleurâmes amèrement en nous entretenant de l'état où elle était, et de celui d'où je ne faisais que sortir.

M. de T*** nous consola par de nouvelles promesses de s'employer ardemment pour finir nos misères. Il nous conseilla de ne pas rendre cette première entrevue trop longue, pour lui donner plus de facilité à nous en procurer d'autres. Il eut beaucoup de peine à nous faire goûter ce conseil. Manon surtout ne pouvait se résoudre à me laisser partir. Elle me fit remettre cent fois sur ma chaise. Elle me retenait par les habits et par les mains.

« Hélas! dans quel lieu me laissez-vous ? disait-elle. Qui peut m'assurer de vous revoir ? »

M. de T*** lui promit de la venir voir souvent avec moi.

« Pour le lieu, ajouta-t-il agréablement, il ne faut plus l'appeler l'Hôpital ; c'est Versailles, depuis qu'une personne qui mérite l'empire de tous les cœurs y est renfermée. »

Je fis en sortant quelques libéralités au valet qui la servait, pour l'engager à lui rendre ses soins avec zèle. Ce garçon avait l'âme moins basse et moins dure que ses pareils. Il avait été témoin de notre entrevue. Ce tendre spectacle l'avait touché. Un louis d'or, dont je lui fis présent, acheva de me l'attacher. Il me prit à l'écart en descendant dans les cours.

« Monsieur, me dit-il, si vous me voulez prendre à votre service ou me donner une honnête récompense pour me dédommager de la perte de l'emploi que j'occupe ici, je crois qu'il me sera facile de délivrer mademoiselle Manon. »

J'ouvris l'oreille à cette proposition; et quoique je fusse dépourvu de tout, je lui fis des promesses fort au-dessus de ses désirs. Je comptais bien qu'il me serait toujours aisé de récompenser un homme de cette étoffe.

« Sois persuadé, lui dis-je, mon ami, qu'il n'y a rien que je ne fasse pour toi, et que ta fortune est aussi assurée que la mienne. »

Je voulus savoir quels moyens il avait dessein d'employer.

« Nul autre, me dit-il, que de lui ouvrir le soir la porte de sa chambre, et de vous la conduire jusqu'à celle de la rue, où il faudra que vous soyez prêt à la recevoir. »

Je lui demandai s'il n'était point à craindre qu'elle ne fût reconnue en traversant les galeries et les cours. Il confessa qu'il y avait quelque danger; mais il me dit qu'il fallait bien risquer quelque chose.

Quoique je fusse ravi de le voir si résolu, j'appelai M. de T*** pour lui communiquer ce projet, et la seule raison qui semblait pouvoir le rendre douteux. Il y trouva plus de difficulté que moi. Il convint qu'elle pouvait absolument s'échapper de cette manière.

« Mais si elle est reconnue, continua-t-il, et si elle est arrêtée en fuyant, c'est peut-être fait d'elle pour toujours. D'ailleurs, il vous faudrait donc quitter Paris sur-le-champ, car vous ne seriez jamais assez caché aux recherches. On les redoublerait, autant par rapport à vous qu'à elle. Un homme s'échappe aisément quand il est seul; mais il est presque impossible de demeurer inconnu avec une jolie femme. »

Quelque solide que me parût ce raisonnement, il ne put l'emporter dans mon esprit sur un espoir si proche de mettre Manon en liberté. Je le dis à M. de T***, et je le priai de pardonner un peu d'imprudence et de témérité à l'amour. J'ajoutai que mon dessein était en effet de quitter Paris, pour m'arrêter, comme j'avais déjà fait, dans quelque village voisin. Nous convînmes donc avec le valet de ne pas remettre son entreprise plus loin qu'au jour suivant ; et pour la rendre aussi certaine qu'il était en notre pouvoir, nous résolûmes d'apporter des habits d'homme, dans la vue de faciliter notre sortie. Il n'était pas aisé de les faire entrer, mais je ne manquai pas d'invention pour en trouver le moyen. Je priai seulement M. de T*** de mettre le lendemain deux vestes légères l'une sur l'autre, et je me chargeai de tout le reste.

Nous retournâmes le matin à l'Hôpital. J'avais avec moi, pour Manon, du linge, des bas, etc., et par-dessus mon justaucorps un surtout qui ne laissait rien voir de trop enflé dans mes poches. Nous ne fûmes qu'un moment dans sa chambre. M. de T*** lui laissa une de ses vestes; je lui donnai mon justaucorps, le surtout me suffisant pour sortir. Il ne se trouva rien de manque à son ajustement, excepté la culotte que j'avais malheureusement oubliée.

L'oubli de cette pièce nécessaire nous eût sans doute apprêté à rire, si l'embarras où il nous mettait eut été moins sérieux. J'étais au désespoir qu'une bagatelle de cette nature fût capable de nous arrêter. Cependant je pris mon parti, qui fut de sortir moi-même sans culotte. Je laissai la mienne à Manon. Mon surtout était long, et je me mis, à l'aide de quelques épingles, en état de passer décemment la porte.

Le reste du jour me parut d'une longueur insupportable. Enfin, la nuit étant venue, nous nous rendîmes un peu au-dessous de la porte de l'Hôpital, dans un carrosse. Nous n'y fûmes pas longtemps sans voir Manon paraître avec son conducteur. Notre portière étant ouverte, ils montèrent tous deux à l'instant. Je reçus ma chère maîtresse dans mes bras; elle tremblait comme une feuille. Le cocher me demanda où il fallait toucher.

« Touche au bout du monde, lui dis-je, et mène-moi quelque part où je ne puisse jamais être séparé de Manon! »

Ce transport dont je ne fus pas le maître, faillit de m'attirer un fâcheux embarras. Le cocher fit réflexion à mon langage; et, lorsque je lui dis ensuite le nom de la rue où nous voulions être conduits, il me répondit qu'il craignait que je ne l'engageasse dans une mauvaise affaire; qu'il voyait bien que ce beau jeune homme, qui s'appelait Manon, était une fille que j'enlevais de l'Hôpital, et qu'il n'était pas d'humeur à se perdre pour l'amour de moi.

La délicatesse de ce coquin n'était qu'une envie de me faire payer la voiture plus cher. Nous étions trop près de l'Hôpital pour ne pas filer doux.

« Tais-toi, lui dis-je; il y a un louis d'or à gagner pour toi. »

Il m'aurait aidé, après cela, à brûler l'Hôpital même.

Nous gagnâmes la maison où demeurait Lescaut. Comme il était tard, M. de T*** nous quitta en chemin, avec promesse de nous revoir le lendemain. Le valet demeura seul avec nous.

Je tenais Manon si étroitement serrée entre mes bras, que nous n'occupions qu'une place dans le carrosse. Elle pleurait de joie, et je sentais ses larmes qui mouillaient mon visage.

Mais lorsqu'il fallut descendre pour entrer chez Lescaut, j'eus avec le cocher un nouveau démêlé, dont les suites furent funestes. Je me repentis de lui avoir promis un louis, non seulement parce que le présent était excessif, mais par une autre raison bien plus forte, qui était l'impuissance de le payer. Je fis appeler Lescaut. Il descendit de sa chambre pour venir à la porte; je lui dis à l'oreille dans quel embarras je me trouvais. Comme il était d'une humeur brusque, et nullement accoutumé à ménager un fiacre, il me répondit que je me moquais.

« Un louis d'or? ajouta-t-il; vingt coups de canne à ce coquin-là! »

J'eus beau lui représenter doucement qu'il allait nous perdre. Il m'arracha ma canne, avec l'air d'en vouloir maltraiter le cocher. Celui-ci, à qui il était peut-être arrivé de tomber quelquefois sous la main d'un garde du corps ou d'un mousquetaire, s'enfuit de peur avec son carrosse, en criant que je l'avais trompé, mais que j'aurais de ses nouvelles. Je lui répétai inutilement d'arrêter. Sa fuite me causa une extrême inquiétude; je ne doutai point qu'il n'avertît le commissaire.

« Vous me perdez! dis-je à Lescaut; je ne serais pas en sûreté chez vous; il faut nous éloigner dans le moment. »

Je prêtai le bras à Manon pour marcher, et nous sortîmes promptement de cette dangereuse rue. Lescaut nous tint compagnie.

C'est quelque chose d'admirable que la manière dont la Providence enchaîne les événements. A peine avions-nous marché cinq ou six minutes, qu'un homme, dont je ne découvris point le visage, reconnut Lescaut. Il le cherchait sans doute aux environs de chez lui, avec le malheureux dessein qu'il exécuta.

« C'est Lescaut, dit-il en lui lâchant un coup de pistolet; il ira souper ce soir avec les anges.»

Il se déroba aussitôt. Lescaut tomba sans le moindre mouvement de vie. Je pressai Manon de fuir car nos secours étaient inutiles à un cadavre, et je craignais d'être arrêté par le guet, qui ne pouvait tarder à paraître. J'enfilai, avec elle et le valet, la première petite rue qui croisait; elle était si éperdue, que j'avais de la peine à la soutenir. Enfin, j'aperçus un fiacre au bout de la rue. Nous y montâmes; mais lorsque le cocher me demanda où il fallait nous conduire, je fus embarrassé à lui répondre. Je n'avais point d'asile assuré ni d'ami de confiance à qui j'osasse avoir recours; j'étais sans argent, n'ayant guère plus d'une demi-pistole dans ma bourse. La frayeur et la fatigue avaient tellement incommodé Manon qu'elle était à demi pâmée près de moi. J'avais d'ailleurs l'imagination remplie du meurtre de Lescaut, et je n'étais pas encore sans appréhension de la part du guet. Quel parti prendre? Je me souvins heureusement de l'auberge de Chaillot où j'avais passé quelques jours avec

Manon, lorsque nous étions allés dans ce village pour y demeurer. J'espérai non seulement d'y être en sûreté, mais d'y pouvoir vivre quelque temps sans être pressé de payer.

« Mêne-nous à Chaillot ! » dis-je au cocher.

Il refusa d'y aller si tard, à moins d'une pistole : autre sujet d'embarras. Enfin nous convînmes de six francs ; c'était toute la somme qui restait dans ma bourse.

Je consolais Manon en avançant ; mais, au fond, j'avais le désespoir dans le cœur. Je me serais donné la mort, si je n'eusse pas eu dans mes bras le seul bien qui m'attachât à la vie. Cette seule pensée me remettait.

« Je la tiens du moins, disais-je ; elle m'aime, elle est à moi ! Tiberge a beau dire ; ce n'est pas là un fantôme de bonheur. Je verrais périr tout l'univers sans y prendre intérêt. Pourquoi ? Parce que je n'ai plus d'affection de reste. »

Ce sentiment était vrai ; cependant, dans le temps que je faisais si peu de cas des biens du monde, je sentais que j'aurais eu besoin d'en avoir du moins une petite partie pour mépriser encore plus souverainement tout le reste. L'amour est plus fort que l'abondance, plus fort que les trésors et les richesses ; mais il a besoin de leur secours, et rien n'est plus désespérant pour un amant délicat que de se voir ramené par là, malgré lui, à la grossièreté des âmes les plus basses.

Il était onze heures quand nous arrivâmes à Chaillot. Nous fûmes reçus à l'auberge comme des personnes de connaissance. On ne fut pas surpris de voir Manon en habit d'homme, parce qu'on est accoutumé, à Paris et aux environs, de voir prendre aux femmes toutes sortes de formes. Je la fis servir aussi proprement que si j'eusse été dans la meilleure fortune. Elle ignorait que je fusse mal en argent. Je me gardai bien de lui en rien apprendre, étant résolu de retourner seul à Paris le lendemain pour chercher quelque remède à cette fâcheuse espèce de maladie.

Elle me parut pâle et maigrie, en soupant. Je ne m'en étais point aperçu à l'Hôpital, parce que la chambre où je l'avais vue n'était pas des plus claires. Je lui demandai si ce n'était point encore un effet de la frayeur qu'elle avait eue en voyant assassiner son frère. Elle m'assura que, quelque touchée qu'elle fût de cet accident, sa pâleur ne venait que d'avoir essuyé pendant trois mois mon absence.

« Tu m'aimes donc extrêmement ? lui répondis-je.

— Mille fois plus que je ne puis dire ! reprit-elle.

— Tu ne me quitteras donc plus jamais? ajoutai-je.

— Non, jamais! » répliqua-t-elle; et cette assurance fut confirmée par tant de caresses et de serments, qu'il me parut impossible, en effet, qu'elle pût jamais les oublier.

J'ai toujours été persuadé qu'elle était sincère : quelle raison aurait-elle eue de se contrefaire jusqu'à cé point? Mais elle était encore plus volage, ou plutôt elle n'était plus rien, et elle ne se reconnaissait pas elle-même, lorsque, ayant devant les yeux des femmes qui vivaient dans l'abondance, elle se trouvait dans la pauvreté et dans le besoin. J'étais à la veille d'en avoir une dernière preuve, qui a surpassé toutes les autres, et qui a produit la plus étrange aventure qui soit jamais arrivée à un homme de ma naissance et de ma fortune.

Comme je la connaissais de cette humeur, je me hâtai le lendemain d'aller à Paris. La mort de son frère, et la nécessité d'avoir du linge et des habits pour elle et pour moi, étaient de si bonnes raisons, que je n'eus pas besoin de prétextes. Je sortis de l'auberge avec le dessein, dis-je à Manon et à mon hôte, de prendre un carrosse de louage; mais c'était une gasconnade. La nécessité m'obligeant d'aller à pied, je marchai fort vite jusqu'au Cours-la-Reine, où j'avais dessein de m'arrêter. Il fallait bien prendre un moment de solitude et de tranquillité pour m'arranger et prévoir ce que j'allais faire à Paris.

Je m'assis sur l'herbe. J'entrai dans une mer de raisonnements et de réflexions, qui se réduisirent peu à peu à trois principaux articles. J'avais besoin d'un secours présent pour un nombre infini de nécessités présentes. J'avais à chercher quelque voie qui pût du moins m'ouvrir des espérances pour l'avenir, et, ce qui n'était pas de moindre importance, j'avais des informations et des mesures à prendre pour la sûreté de Manon et pour la mienne. Après m'être épuisé en projets et en combinaisons sur ces trois chefs, je jugeai encore à propos d'en retrancher les deux derniers. Nous n'étions pas mal à couvert dans une chambre de Chaillot, et, pour les besoins futurs, je crus qu'il serait temps d'y penser lorsque j'aurais satisfait aux présents.

Il était donc question de remplir actuellement ma bourse. M. de T*** m'avait offert généreusement la sienne ; mais j'avais une extrême répugnance à le remettre moi-même sur cette matière. Quel personnage que d'aller exposer sa misère à un étranger, et de le prier de nous faire part de son bien ! Il n'y a qu'une âme lâche qui en soit capable, par une bassesse qui l'empêche d'en sentir l'indignité, ou un chrétien humble, par un excès de générosité qui le rend supérieur à cette honte. Je n'étais ni un homme lâche ni un bon chrétien: j'aurais donné la moitié de mon sang pour éviter cette humiliation.

« Tiberge, disais-je, le bon Tiberge, me refusera-t-il ce qu'il aura le pouvoir de me donner? Non, il sera touché de ma misère, mais il m'assassinera par sa morale; il faudra essuyer ses reproches, ses exhortations, ses menaces; il me fera acheter ses secours si cher, que je donnerais encore une partie de mon sang plutôt que de m'exposer à cette scène fâcheuse, qui me laissera du trouble et des remords. Bon! reprenais-je, il faut donc renoncer à tout espoir, puisqu'il ne me reste point d'autre voie, et que je suis si éloigné de m'arrêter à ces deux-là, que je verserais plus volontiers la moitié de mon sang que de les prendre toutes deux. Oui, mon sang tout entier, ajoutai-je après une réflexion d'un moment; je le donnerais plus volontiers, sans doute, que de me réduire à de basses supplications. Mais il s'agit bien ici de mon sang! Il s'agit de la vie et de l'entretien de Manon, il s'agit de son amour et de sa fidélité. Qu'ai-je à mettre en balance avec elle? Je n'y ai rien mis jusqu'à présent. Elle me tient lieu de gloire, de bonheur et de fortune. Il y a bien des choses, sans doute, que je donnerais ma vie pour obtenir ou pour éviter; mais estimer une chose plus que ma vie n'est pas une raison pour l'estimer autant que Manon. »

Je ne fus pas longtemps à me déterminer après ce raisonnement. Je continuai mon chemin, résolu d'aller d'abord chez Tiberge, et de là chez M. de T***.

En entrant à Paris, je pris un fiacre, quoique je n'eusse pas de quoi le payer; je comptais sur les secours que j'allais solliciter. Je me fis conduire au Luxembourg, d'où j'envoyai avertir Tiberge que j'étais à l'attendre. Il satisfit mon impatience par sa promptitude. Je lui appris l'extrémité de mes besoins sans nul détour. Il me demanda si les cent pistoles que je lui avais rendues me suffiraient; et, sans m'opposer un seul mot de difficulté, il me les alla chercher dans le moment, avec cet air ouvert et ce plaisir à donner qui n'est connu que de l'amour et de la véritable amitié. Quoique je n'eusse pas le moindre doute du succès de ma demande, je fus surpris de l'avoir obtenue à si bon marché, c'est-à-dire sans qu'il m'eût querellé sur mon impénitence. Mais je me trompais en me croyant tout à fait quitte de ses reproches; car lorsqu'il eut achevé de me compter son argent, et que je me préparais à le quitter, il me pria de faire avec lui un tour d'allée. Je ne lui avais point parlé de Manon; il ignorait qu'elle fût en liberté; ainsi sa morale ne tomba que sur ma fuite téméraire de Saint-Lazare, et sur la crainte où il était qu'au lieu de profiter des leçons de sagesse que j'y avais reçues, je ne reprisse le train du désordre. Il me dit qu'étant allé pour me visiter à Saint-Lazare, le lendemain de mon évasion, il avait été frappé au-delà de toute expression en apprenant la manière dont j'en étais sorti; qu'il avait eu là-dessus un entretien avec le supérieur; que ce bon Père n'était pas encore remis de son effroi; qu'il avait eu néanmoins la générosité de déguiser à M. le lieutenant général de Police les circonstances de mon départ, et qu'il avait empêché que la mort du portier ne fût connue au dehors; que je n'avais donc de ce côté-là nul sujet d'alarme; mais que, s'il me restait le moindre sentiment de sagesse, je profiterais de cet heureux tour que le Ciel donnait à mes affaires; que je devais commencer par écrire à mon père, et me mettre bien avec lui; et que, si je voulais suivre une fois son conseil, il était d'avis que je quittasse Paris pour retourner dans le sein de ma famille.

J'écoutais son discours jusqu'à la fin. Il y avait là bien des choses satisfaisantes. Je fus ravi premièrement de n'avoir rien à craindre du côté de Saint-Lazare. Les rues de Paris me redevenaient un pays libre. En second lieu, je m'applaudis de ce que Tiberge n'avait pas la moindre idée de la délivrance de Manon et de son retour avec moi. Je remarquais même qu'il avait évité de me parler d'elle, dans l'opinion, apparemment, qu'elle me tenait moins au cœur, puisque je paraissais si tranquille sur son sujet. Je résolus, sinon de retourner dans ma famille, du moins d'écrire à mon père, comme il me le conseillait, et de lui témoigner que j'étais disposé à rentrer dans l'ordre de mes devoirs et de ses volontés. Mon espérance était de l'engager à m'envoyer de l'argent, sous prétexte de faire mes exercices à l'Académie; car j'aurais eu peine à lui persuader que je fusse dans la disposition de retourner à l'état ecclésiastique; et, dans le fond, je n'avais nul éloignement pour ce que je voulais lui promettre. J'étais bien aise, au contraire, de m'appliquer à quelque chose d'honnête et de raisonnable, autant que ce dessein pourrait s'accorder avec mon amour. Je faisais mon compte de vivre avec ma maîtresse, et de faire en même temps mes exercices. Cela était fort compatible. Je fus si satisfait de toutes ces idées, que je promis à Tiberge de faire partir le jour même une lettre pour mon père. J'entrai effectivement dans un bureau d'écriture en le quittant, et j'écrivis d'une manière si tendre et si soumise, qu'en relisant ma lettre je me flattai d'obtenir quelque chose du cœur paternel.

Quoique je fusse en état de prendre et de payer un fiacre après avoir quitté Tiberge, je me fis un plaisir de marcher fièrement à pied, en allant chez M. de T***. Je trouvais de la joie dans cet exercice de ma liberté pour laquelle mon ami m'avait assuré qu'il ne me restait rien à craindre. Cependant, il me revint tout d'un coup à l'esprit que ses assurances ne regardaient que Saint-Lazare, et que j'avais outre cela l'affaire de l'Hôpital sur les bras, sans compter la mort de Lescaut, dans laquelle j'étais mêlé, du moins comme témoin. Ce souvenir m'effraya si vivement, que je me retirai dans la première allée, d'où je fis appeler un carrosse. J'allai droit chez M. de T*** que je fis rire de ma frayeur. Elle me parut risible à moi-même, lorsqu'il m'eut appris que je n'avais rien à craindre du côté de l'Hôpital, ni de celui de Lescaut. Il me dit que, dans la pensée qu'on pourrait le soupçonner d'avoir eu part à l'enlèvement de Manon, il était allé le matin à l'Hôpital, et qu'il avait demandé à la voir en feignant d'ignorer ce qui était arrivé; qu'on était si éloigné de nous accuser, ou lui ou moi, qu'on s'était empressé, au contraire, de lui apprendre cette aventure comme une étrange nouvelle, et qu'on admirait qu'une fille aussi jolie que Manon eût pris le parti de fuir avec un valet; qu'il s'était contenté de répondre froidement qu'il n'en était pas surpris, et qu'on fait tout pour la liberté. Il continua de me raconter qu'il était allé de là chez Lescaut, dans l'espérance de m'y trouver avec ma charmante maîtresse; que l'hôte de la maison, qui était un carrossier, lui avait protesté qu'il n'avait vu ni elle ni moi, mais qu'il n'était pas étonnant que nous n'eussions point paru chez lui, si c'était pour Lescaut que nous devions y venir, parce que nous aurions sans doute appris qu'il venait d'être tué à peu près dans le même temps. Sur quoi il n'avait pas refusé d'expliquer ce qu'il savait de la cause et des circonstances de cette mort. Environ deux heures auparavant, un garde du corps des amis de Lescaut l'était venu voir et lui avait proposé de jouer. Lescaut avait gagné si rapidement, que l'autre s'était trouvé cent écus de moins en une heure, c'est-à-dire tout son argent.

Ce malheureux, qui se voyait sans un sou, avait prié Lescaut de lui prêter la moitié de la somme qu'il avait perdue, et, sur quelques difficultés nées à cette occasion, ils s'étaient querellés avec une animosité extrême. Lescaut avait refusé de sortir pour mettre l'épée à la main, et l'autre avait juré, en le quittant, de lui casser la tête, ce qu'il avait exécuté le soir même. M. de T*** eut l'honnêteté d'ajouter qu'il avait été fort inquiet par rapport à nous, et qu'il continuait de m'offrir ses services. Je ne balançai point à lui apprendre le lieu de notre retraite. Il me pria de trouver bon qu'il allât souper avec nous.

Comme il ne me restait qu'à prendre du linge et des habits pour Manon, je lui dis que nous pouvions partir à l'heure même, s'il pouvait avoir la complaisance de s'arrêter un moment avec moi chez quelques marchands. Je ne sais s'il crut que je lui faisais cette proposition dans la vue d'intéresser sa générosité, ou si ce fut par le simple mouvement d'une belle âme; mais, ayant consenti à partir aussitôt, il me mena chez les marchands qui fournissaient sa maison: il me fit choisir plusieurs étoffes d'un prix plus considérable que je ne me l'étais proposé, et, lorsque je me disposais à les payer, il défendit absolument aux marchands de recevoir un sou de moi. Cette galanterie se fit de si bonne grâce, que je crus pouvoir en profiter sans honte. Nous prîmes ensemble le chemin de Chaillot, où j'arrivai avec moins d'inquiétude que je n'en étais parti.

Le chevalier des Grieux ayant employé plus d'une heure à ce récit, je le priai de prendre un peu de relâche et de nous tenir compagnie à souper. Notre attention lui fit juger que nous l'avions écouté avec plaisir. Il nous assura que nous trouverions quelque chose encore de plus intéressant dans la suite de son histoire; et, lorsque nous eûmes fini de souper, il continua dans ces termes.

FIN DE LA PREMIÈRE PARTIE

DEUXIÈME PARTIE

Ma présence et les politesses de M. de T*** dissipèrent tout ce qui pouvait rester de chagrin à Manon.

« Oublions nos terreurs passées, ma chère âme, lui dis-je en arrivant, et recommençons à vivre plus heureux que jamais ! Après tout, l'Amour est un bon maître : la Fortune ne saurait nous causer autant de peines qu'il nous fait goûter de plaisir. »

Notre souper fut une vraie scène de joie. J'étais plus fier et plus content avec Manon et mes cent pistoles que le plus riche partisan de Paris avec ses trésors entassés ;

il faut compter ses richesses par les moyens qu'on a de satisfaire ses désirs; je n'en avais pas un seul à remplir. L'avenir même me causait peu d'embarras. J'étais presque sûr que mon père ne ferait pas difficulté de me donner de quoi vivre honorablement à Paris, parce qu'étant dans ma vingtième année, j'entrais en droit d'exiger ma part du bien de ma mère. Je ne cachai point à Manon que le fonds de mes richesses n'était que de cent pistoles. C'était assez pour attendre tranquillement une meilleure fortune, qui semblait ne me pouvoir manquer, soit par mes droits naturels ou par les ressources du jeu.

Ainsi, pendant les premières semaines, je ne pensai qu'à jouir de ma situation; et la force de l'honneur, autant qu'un reste de ménagement pour la police, me faisant remettre de jour en jour à renouer avec les associés de l'hôtel de Transylvanie, je me réduisis à jouer dans quelques assemblées moins décriées, où la faveur du sort m'épargna l'humiliation d'avoir recours à l'industrie. J'allais passer à la ville une partie de l'après-midi, et je revenais souper à Chaillot, accompagné fort souvent de M. de T*** dont l'amitié croissait de jour en jour pour nous. Manon trouva des ressources contre l'ennui. Elle se lia, dans le voisinage, avec quelques jeunes personnes que le printemps y avaient ramenées. La promenade et les petits exercices de leur sexe faisaient alternativement leur occupation. Une partie de jeu, dont elles avaient réglé les bornes, fournissait aux frais de la voiture. Elles allaient prendre l'air au bois de Boulogne, et le soir, à mon retour, je retrouvais Manon plus belle, plus contente et plus passionnée que jamais.

Il s'éleva néanmoins quelques nuages qui semblèrent menacer l'édifice de mon bonheur. Mais ils furent nettement dissipés, et l'humeur folâtre de Manon rendit le dénouement si comique, que je trouve encore de la douceur dans un souvenir qui me représente sa tendresse et les agréments de son esprit.

Le seul valet qui composait mon domestique me prit un jour à l'écart pour me dire, avec beaucoup d'embarras, qu'il avait un secret d'importance à me communiquer. Je l'encourageai à parler librement. Après quelques détours, il me fit entendre qu'un seigneur étranger semblait avoir pris beaucoup d'amour pour mademoiselle Manon. Le trouble de mon sang se fit sentir dans toutes mes veines.

« En a-t-elle pour lui ? » interrompis-je plus brusquement que la prudence ne permettait pour m'éclaircir.

Ma vivacité l'effraya.

Il me répondit d'un air inquiet que sa pénétration n'avait pas été si loin ; mais qu'ayant observé depuis plusieurs jours que cet étranger venait assidûment au bois de Boulogne, qu'il y descendait de son carrosse, et que, s'engageant seul dans les contre-allées, il paraissait chercher l'occasion de voir ou de rencontrer Mademoiselle, il lui était venu à l'esprit de faire quelque liaison avec ses gens pour apprendre le nom de leur maître ; qu'ils le traitaient de prince italien, et qu'ils le soupçonnaient eux-mêmes de quelque aventure galante ; qu'il n'avait pu se procurer d'autres lumières, ajouta-t-il en tremblant, parce que le prince, étant alors sorti du bois, s'était approché familièrement de lui, et lui avait demandé son nom. Après quoi, comme s'il eût deviné qu'il était à notre service, il l'avait félicité d'appartenir à la plus charmante personne du monde.

J'attendais impatiemment la suite de ce récit. Il le finit par des excuses timides, que je n'attribuai qu'à mes imprudentes agitations. Je le pressai en vain de continuer sans déguisement. Il me protesta qu'il ne savait rien de plus, et que, ce qu'il venait de me raconter étant arrivé le jour précédent, il n'avait pas revu les gens du prince. Je le rassurai, non seulement par des éloges, mais par une honnête récompense, et, sans lui marquer la moindre défiance de Manon, je lui recommandai d'un ton plus tranquille de veiller sur toutes les démarches de l'étranger.

Au fond, sa frayeur me laissa de cruels doutes. Elle pouvait lui avoir fait supprimer une partie de la vérité. Cependant, après quelques réflexions, je revins de mes alarmes jusqu'à regretter d'avoir donné cette marque de faiblesse. Je ne pouvais faire un crime à Manon d'être aimée.

Il y avait beaucoup d'apparence qu'elle ignorât sa conquête; et quelle vie allais-je mener, si j'étais capable d'ouvrir si facilement l'entrée de mon cœur à la jalousie? Je retournai à Paris le jour suivant, sans avoir formé d'autre dessein que de hâter le progrès de ma fortune en jouant plus gros jeu, pour me mettre en état de quitter Chaillot au premier sujet d'inquiétude.

Le soir, je n'appris rien de nuisible à mon repos. L'étranger avait reparu au bois de Boulogne, et, prenant droit de ce qui s'y était passé la veille pour se rapprocher de mon confident, il lui avait parlé de son amour, mais dans des termes qui ne supposaient aucune intelligence avec Manon. Il l'avait interrogé sur mille détails. Enfin il avait tenté de le mettre dans ses intérêts par des promesses considérables, et, tirant une lettre qu'il tenait prête, il lui avait offert inutilement quelques louis d'or pour la rendre à sa maîtresse.

Deux jours se passèrent sans aucun autre incident. Le troisième fut plus orageux. J'appris, en arrivant de la ville assez tard, que Manon, pendant sa promenade, s'était écartée un moment de ses compagnes, et que l'étranger, qui la suivait à peu de distance, s'étant approché d'elle au signe qu'elle lui en avait fait, elle lui avait remis une lettre, qu'il avait reçue avec des transports de joie. Il n'avait eu le temps de les exprimer qu'en baisant amoureusement les caractères, parce qu'elle s'était aussitôt dérobée. Mais elle avait paru d'une gaîté extraordinaire pendant le reste du jour; et, depuis qu'elle était rentrée au logis, cette humeur ne l'avait pas abandonnée. Je frémis sans doute à chaque mot.

« Es-tu bien sûr, dis-je tristement à mon valet, que tes yeux ne t'aient pas trompé ? »

Il prit le ciel à témoin de sa bonne foi.

Je ne sais à quoi les tourments de mon cœur m'auraient porté, si Manon, qui m'avait entendu rentrer, ne fût venue au-devant de moi avec un air d'impatience et des plaintes de ma lenteur. Elle n'attendit point ma réponse pour m'accabler de caresses; et, lorsqu'elle se vit seule avec moi, elle me fit des reproches fort vifs de l'habitude que je prenais de revenir si tard. Mon silence lui laissant la liberté de continuer, elle me dit que depuis trois semaines je n'avais pas passé une journée entière avec elle; qu'elle ne pouvait soutenir de si longues absences; qu'elle me demandait du moins un jour par intervalles, et que dès le lendemain elle voulait me voir près d'elle du matin au soir.

« J'y serai, n'en doutez pas ! » lui répondis-je d'un ton assez brusque.

Elle marqua peu d'attention pour mon chagrin, et, dans le mouvement de sa joie, qui me parut en effet d'une vivacité singulière, elle me fit mille peintures plaisantes de la manière dont elle avait passé le jour.

« Étrange fille ! me disais-je à moi-même ; que dois-je attendre de ce prélude ? »

L'aventure de notre première séparation me revint à l'esprit. Cependant je croyais voir dans le fond de sa joie et de ses caresses un air de vérité qui s'accordait avec les apparences.

Il ne me fut pas difficile de rejeter la tristesse dont je ne pus me défendre pendant notre souper sur une perte que je me plaignis d'avoir faite au jeu. J'avais regardé comme un extrême avantage que l'idée de ne pas quitter Chaillot le jour suivant fût venue d'elle-même. C'était gagner du temps pour mes délibérations. Ma présence éloignait toutes sortes de craintes pour le lendemain; et si je ne remarquais rien qui m'obligeât de faire éclater mes découvertes, j'étais déjà résolu de transporter, le jour d'après, mon établissement à la ville, dans un quartier où je n'eusse rien à démêler avec les princes. Cet arrangement me fit passer une nuit plus tranquille; mais il ne m'ôtait pas la douleur d'avoir à trembler pour une nouvelle infidélité.

A mon réveil, Manon me déclara que, pour passer le jour dans notre appartement, elle ne prétendait pas que j'en eusse l'air plus négligé, et qu'elle voulait même que mes cheveux fussent accommodés de ses propres mains. Je les avais fort beaux. C'était un amusement qu'elle s'était donné plusieurs fois. Mais elle y apporta plus de soins que je ne lui en avais jamais vu prendre. Je fus obligé, pour la satisfaire, de m'asseoir devant sa toilette, et d'essuyer toutes les petites recherches qu'elle imagina pour ma parure. Dans le cours de son travail, elle me faisait souvent tourner le visage vers elle, et, s'appuyant des deux mains sur mes épaules, elle me regardait avec une curiosité avide; ensuite, exprimant sa satisfaction par un ou deux baisers, elle me faisait reprendre ma situation pour continuer son ouvrage.

Ce badinage nous occupa jusqu'à l'heure du dîner. Le goût qu'elle y avait pris m'avait

Les archers étaient devenus intraitables.

(Page 129.)

paru si naturel, et sa gaîté sentait si peu l'artifice, que, ne pouvant concilier des apparences si constantes avec le projet d'une noire trahison, je fus tenté plusieurs fois de lui ouvrir mon cœur et de me décharger d'un fardeau qui commençait à me peser. Mais je me flattais à chaque instant que l'ouverture viendrait d'elle, et je m'en faisais d'avance un délicieux triomphe.

Nous rentrâmes dans son cabinet. Elle se mit à rajuster mes cheveux, et ma complaisance me faisait céder à toutes ses volontés, lorsqu'on vint l'avertir que le prince de*** demandait à la voir. Ce nom m'échauffa jusqu'au transport.

« Quoi donc ? m'écriai-je en la repoussant. Qui ? Quel prince ? »

Elle ne répondit point à mes questions.

« Faites-le monter », dit-elle froidement au valet ; et, se tournant vers moi :

« Cher amant, toi que j'adore, reprit-elle d'un ton enchanteur, je te demande un moment de complaisance, un moment, un seul moment ; je t'en aimerai mille fois plus ; je t'en saurai gré toute ma vie. »

L'indignation et la surprise me lièrent la langue. Elle répétait ses instances, et je cherchais des expressions pour les rejeter avec mépris. Mais, entendant ouvrir la porte de l'antichambre, elle empoigna d'une main mes cheveux, qui étaient flottants sur mes épaules, elle prit de l'autre son miroir de toilette; elle employa toute sa force pour me traîner dans cet état jusqu'à la porte du cabinet, et, l'ouvrant du genou, elle offrit à l'étranger, que le bruit semblait avoir arrêté au milieu de la chambre, un spectacle qui ne dut pas lui causer peu d'étonnement. Je vis un homme fort bien mis, mais d'assez mauvaise mine.

Dans l'embarras où le jetait cette scène, il ne laissa pas de faire une profonde révérence. Manon ne lui donna pas le temps d'ouvrir la bouche. Elle lui présenta son miroir.

« Voyez, Monsieur, lui dit-elle, regardez-vous bien et rendez-moi justice. Vous me demandez de l'amour. Voici l'homme que j'aime et que j'ai juré d'aimer toute ma vie. Faites la comparaison vous-même. Si vous croyez pouvoir lui disputer mon cœur, apprenez-moi donc sur quel fondement, car je vous déclare qu'aux yeux de votre servante très humble, tous les princes d'Italie ne valent pas un des cheveux que je tiens. »

Pendant cette folle harangue, qu'elle avait apparemment méditée, je faisais des efforts inutiles pour me dégager, et, prenant pitié d'un homme de considération, je me sentais porté à réparer ce petit outrage par mes politesses. Mais, s'étant remis assez facilement, sa réponse que je trouvai un peu grossière, me fit perdre cette disposition.

« Mademoiselle, Mademoiselle, lui dit-il avec un sourire forcé, j'ouvre en effet les yeux, et je vous trouve bien moins novice que je ne me l'étais figuré. »

Il se retira aussitôt sans jeter les yeux sur elle, en ajoutant, d'une voix plus basse, que les femmes de France ne valaient pas mieux que celles d'Italie. Rien ne m'invitait, dans cette occasion, à lui faire prendre une meilleure idée du beau sexe.

Manon quitta mes cheveux, se jeta dans un fauteuil et fit retentir la chambre de longs éclats de rire. Je ne dissimulerai pas que je fus touché jusqu'au fond du cœur d'un sacrifice que je ne pouvais attribuer qu'à l'amour. Cependant la plaisanterie me parut excessive. Je lui en fis des reproches. Elle me raconta que mon rival, après l'avoir obsédée pendant plusieurs jours au bois de Boulogne, et lui avoir fait deviner ses sentiments par des grimaces, avait pris le parti de lui en faire une déclaration ouverte, accompagnée de son nom et de tous ses titres, dans une lettre qu'il lui avait fait remettre par le cocher qui la conduisait avec ses compagnes; qu'il lui promettait, au-delà des monts, une brillante fortune et des adorations éternelles; qu'elle était revenue à Chaillot dans la résolution de me communiquer cette aventure ; mais qu'ayant conçu que nous en pouvions tirer de l'amusement, elle n'avait pu résister à son imagination ; qu'elle avait offert au prince italien, par une réponse flatteuse, la liberté de la voir chez elle, et qu'elle s'était fait un second plaisir de me faire entrer dans son plan, sans m'en avoir fait naître le moindre soupçon. Je ne lui dis pas un mot des lumières qui m'étaient venues par une autre voie, et l'ivresse de l'amour triomphant me fit tout approuver.

J'ai remarqué, dans toute ma vie, que le Ciel a toujours choisi, pour me frapper de ses rudes châtiments, le temps où ma fortune me semblait le mieux établie. Je me croyais si heureux avec l'amitié de M. de T*** et la tendresse de Manon, qu'on n'aurait pu me faire comprendre que j'eusse à craindre quelque nouveau malheur. Cependant il s'en préparait un si funeste, qu'il m'a réduit à l'état où vous m'avez vu à Passy, et, par degrés, à des extrémités si déplorables, que vous aurez peine à croire mon récit fidèle.

Un jour que nous avions M. de T*** à souper, nous entendîmes le bruit d'un carrosse qui s'arrêtait à la porte de l'hôtellerie. La curiosité nous fit désirer de savoir qui pouvait arriver à cette heure. On nous dit que c'était le jeune G*** M***, c'est-à-dire le fils de notre plus cruel ennemi, de ce vieux débauché qui m'avait mis à Saint-Lazare et Manon à l'Hôpital. Son nom me fit monter la rougeur au visage.

« C'est le Ciel qui me l'amène, dis-je à M. de T***, pour le punir de la lâcheté de son père ! Il ne m'échappera pas que nous n'ayons mesuré nos épées. »

M. de T***, qui le connaissait, et qui était même de ses meilleurs amis, s'efforça de me faire prendre d'autres sentiments pour lui. Il m'assura que c'était un jeune homme très aimable, et si peu capable d'avoir eu part à l'action de son père, que je ne le verrais pas moi-même un moment sans lui accorder mon estime et sans désirer la sienne. Après avoir ajouté mille choses à son avantage, il me pria de consentir qu'il allât lui proposer de venir prendre place avec nous et de s'accommoder du reste de notre souper. Il prévint l'objection du péril où c'était exposer Manon que de découvrir sa demeure au fils de notre ennemi, en protestant, sur son honneur et sur sa foi, que, lorsqu'il nous connaîtrait, nous n'aurions point de plus zélé défenseur. Je ne fis difficulté de rien, après de telles assurances.

M. de T*** ne nous l'amena point sans avoir pris un moment pour l'informer qui nous étions. Il entra d'un air qui nous prévint effectivement en sa faveur. Il m'embrassa ; nous nous assîmes. Il admira Manon, moi, tout ce qui nous appartenait, et il mangea d'un appétit qui fit honneur au souper.

Lorsqu'on eut desservi, la conversation devint plus sérieuse. Il baissa les yeux pour nous parler de l'excès où son père s'était porté contre nous. Il nous fit les excuses les plus soumises.

« Je les abrège, nous dit-il, pour ne pas renouveler un souvenir qui me cause trop de honte ! »

Si elles étaient sincères dès le commencement, elles le devinrent bien plus dans la suite; car il n'eut pas passé une demi-heure dans cet entretien, que je m'aperçus de l'impression que les charmes de Manon faisaient sur lui. Ses regards et ses manières s'attendrirent par degrés. Il ne laissa rien échapper néanmoins dans ses discours; mais, sans être aidé de la jalousie, j'avais trop d'expérience en amour pour ne pas discerner ce qui venait de cette source.

Il nous tint compagnie pendant une partie de la nuit, et il ne nous quitta qu'après s'être félicité de notre connaissance, et nous avoir demandé la permission de venir nous renouveler quelquefois l'offre de ses services. Il partit le matin avec M. de T***, qui se mit avec lui dans son carrosse.

Je ne me sentais, comme j'ai dit, aucun penchant à la jalousie. J'avais plus de crédulité que jamais pour les serments de Manon. Cette charmante créature était si absolument maîtresse de mon âme, que je n'avais pas un seul petit sentiment qui ne fût de l'estime et de l'amour. Loin de lui faire un crime d'avoir plu au jeune G*** M***, j'étais ravi de l'effet de ses charmes, et je m'applaudissais d'être aimé d'une fille que tout le monde trouvait aimable. Je ne jugeai pas même à propos de lui communiquer mes soupçons. Nous fûmes occupés pendant quelques jours du soin de faire ajuster ses habits, et à délibérer si nous pouvions aller à la comédie sans appréhender d'être reconnus. M. de T*** revint nous voir avant la fin de la semaine : nous le consultâmes là-dessus. Il vit bien qu'il fallait dire oui, pour faire plaisir à Manon. Nous résolûmes d'y aller le même soir avec lui.

Cependant cette résolution ne put s'exécuter, car, m'ayant tiré aussitôt en particulier :

« Je suis, me dit-il, dans le dernier embarras depuis que je vous ai vu, et la visite que je vous fais aujourd'hui en est une suite. G*** M*** aime votre maîtresse ; il m'en a fait confidence. Je suis son intime ami, et disposé en tout à le servir ; mais je ne suis pas moins le vôtre. J'ai considéré que ses intentions sont injustes, et je les ai condamnées. J'aurais gardé son secret, s'il n'avait dessein d'employer pour plaire que les voies communes; mais il est bien informé de l'humeur de Manon. Il a su, je ne sais d'où, qu'elle aime l'abondance et les plaisirs, et, comme il jouit déjà d'un bien considérable, il m'a déclaré qu'il veut la tenter d'abord par un très gros présent, et par l'offre de dix mille livres de pension. Toutes choses égales, j'aurais peut-être eu beaucoup plus de violence à me faire pour le trahir; mais la justice s'est jointe en votre faveur à l'amitié, d'autant plus qu'ayant été la cause imprudente de sa passion, en l'introduisant ici, je suis obligé de prévenir les effets du mal que j'ai causé. »

Je remerciai M. de T***, d'un service de cette importance, et je lui avouai, avec un parfait retour de confiance, que le caractère de Manon était tel que G*** M*** se le figurait, c'est-à-dire qu'elle ne pouvait supporter le nom de la pauvreté.

« Cependant, lui dis-je, alors qu'il n'est question que du plus ou du moins, je ne la crois pas capable de m'abandonner pour un autre. Je suis en état de ne la laisser manquer de rien, et je compte que ma fortune va croître de jour en jour. Je ne crains qu'une chose, ajoutai-je: c'est que G*** M*** ne se serve de la connaissance qu'il a de notre demeure pour nous rendre quelque mauvais office. »

M. de T*** m'assura que je devais être sans appréhension de ce côté-là ; que G*** M*** était capable d'une folie amoureuse, mais qu'il ne l'était point d'une bassesse ; que, s'il avait la lâcheté d'en commettre une, il serait le premier, lui qui parlait, à l'en punir, et à réparer par là le malheur qu'il avait eu d'y donner occasion.

« Je vous suis obligé de ce sentiment, repris-je ; mais le mal serait fait, et le remède fort incertain. Ainsi le parti le plus sage est de le prévenir, en quittant Chaillot pour prendre une autre demeure.

— Oui, reprit M. de T*** ; mais vous aurez peine à le faire aussi promptement qu'il faudrait ; car G*** M*** doit être ici à midi ; il me le dit hier, et c'est ce qui m'a porté à venir si matin pour vous informer de ses vues. Il peut arriver à tout moment. »

Un avis si pressant me fit regarder cette affaire d'un œil plus sérieux. Comme il me semblait impossible d'éviter la visite de G*** M***, et qu'il me le serait aussi, sans doute, d'empêcher qu'il ne s'ouvrît à Manon, je pris le parti de la prévenir moi-même sur le dessein de ce nouveau rival. Je m'imaginais que, me sachant déjà instruit des propositions qu'il lui ferait, et les recevant à mes yeux, elle aurait assez de force pour les rejeter. Je découvris ma pensée à M. de T***, qui me répondit que cela était extrêmement délicat.

« Je l'avoue, lui dis-je; mais toutes les raisons qu'on peut avoir d'être sûr d'une maîtresse, je les ai de compter sur l'affection de la mienne. Il n'y aurait que la grandeur des offres qui pût l'éblouir, et je vous ai dit qu'elle ne connaît point l'intérêt. Elle aime ses aises, mais elle m'aime aussi ; et, dans la situation où sont mes affaires, je ne saurais croire qu'elle me préfère le fils d'un homme qui l'a mise à l'Hôpital. »

En un mot, je persistai dans mon dessein, et, m'étant retiré à l'écart avec Manon, je lui déclarai naturellement tout ce que je venais d'apprendre.

Elle me remercia de la bonne opinion que j'avais d'elle, et elle me promit de recevoir les offres de G*** M*** d'une manière qui lui ôterait l'envie de les renouveler.

« Non, lui dis-je, il ne faut pas l'irriter par une brusquerie : il peut nous nuire. Mais tu sais assez, toi, friponne, ajoutai-je en riant, comment te défaire d'un amant désagréable ou incommode ».

Elle reprit après avoir un peu rêvé :

« Il me vient un dessein admirable, et je suis toute glorieuse de l'invention. G*** M*** est le fils de notre plus cruel ennemi ; il faut nous venger du père, non pas sur le fils, mais sur sa bourse. Je veux l'écouter, accepter ses présents, et me moquer de lui.

— Le projet est joli, lui dis-je ; mais tu ne songes pas, ma pauvre enfant, que c'est le chemin qui nous a conduits droit à l'Hôpital. »

J'eus beau lui représenter le péril de cette entreprise ; elle me dit qu'il ne s'agissait que de bien prendre nos mesures, et elle répondit à toutes mes objections. Donnez-moi un amant qui n'entre point aveuglément dans tous les caprices d'une maîtresse adorée, et je conviendrai que j'eus tort de céder si facilement. La résolution fut prise de faire une dupe de G*** M***, et, par un tour bizarre de mon sort, il arriva que je devins la sienne.

Nous vîmes paraître son carrosse vers les onze heures. Il nous fit des compliments fort recherchés sur la liberté qu'il prenait de venir dîner avec nous. Il ne fut pas surpris de trouver M. de T***, qui lui avait promis la veille de s'y rendre aussi, et qui avait feint quelques affaires pour se dispenser de venir dans la même voiture. Quoiqu'il n'y eut pas un seul de nous qui ne portât la trahison dans le cœur, nous nous mîmes à table avec un air de confiance et d'amitié. G*** M*** trouva aisément l'occasion de déclarer ses sentiments à Manon. Je ne dus pas lui paraître gênant, car je m'absentais exprès pendant quelques minutes.

Je m'aperçus, à mon retour, qu'on ne l'avait pas désespéré par un excès de rigueur. Il était de la meilleure humeur du monde. J'affectai de le paraître aussi; il riait intérieurement de ma simplicité, et moi de la sienne. Pendant tout l'après-midi, nous fûmes l'un pour l'autre une scène fort agréable. Je lui ménageai encore, avant son départ, un moment d'entretien particulier avec Manon, de sorte qu'il eût lieu de s'applaudir de ma complaisance autant que de la bonne chère.

Aussitôt qu'il fut monté en carrosse avec M. de T***, Manon accourut à moi les bras ouverts, et m'embrassa en éclatant de rire. Elle me répéta ses discours et ses propositions sans y changer un mot. Ils se réduisaient à ceci: il l'adorait; il voulait partager avec elle quarante mille livres de rentes dont il jouissait déjà, sans compter ce qu'il attendait après la mort de son père. Elle allait être maîtresse de son cœur et de sa fortune; et, pour gage de ces bienfaits, il était prêt à lui donner un carrosse, un hôtel meublé, une femme de chambre, trois laquais et un cuisinier.

« Voilà un fils, dis-je à Manon, bien autrement généreux que son père! Parlons de bonne foi, ajoutai-je ; cette offre ne vous tente-t-elle point ?

— Moi ? répondit-elle en ajustant à sa pensée ces vers de Racine :

Moi ! vous me soupçonnez de cette perfidie ?
Moi ! je pourrais souffrir un visage odieux,
Qui rappelle toujours l'Hôpital à mes yeux ?

— Non, repris-je en continuant la parodie :

J'aurais peine à penser que l'Hôpital, Madame,
Fût un trait dont l'amour l'eût gravé dans votre âme ;

« Mais c'en est un bien séduisant qu'un hôtel meublé, avec un carrosse et trois laquais ; et l'amour en a peu d'aussi forts. »

Elle me protesta que son cœur était à moi pour toujours, et qu'il ne recevrait jamais d'autres traits que les miens.

« Les promesses qu'il m'a faites, me dit-elle, sont un aiguillon de vengeance plutôt qu'un trait d'amour. »

Je lui demandai si elle était dans le dessein d'accepter l'hôtel et le carrosse. Elle me répondit qu'elle n'en voulait qu'à son argent.

La difficulté était d'obtenir l'un sans l'autre. Nous résolûmes d'attendre l'entière explication du projet de G*** M*** dans une lettre qu'il avait promis de lui écrire. Elle la reçut en effet le lendemain par un laquais sans livrée, qui se procura fort adroitement l'occasion de lui parler sans témoins. Elle lui dit d'attendre sa réponse, et elle vint m'apporter aussitôt sa lettre. Nous l'ouvrîmes ensemble.

Outre les lieux communs de tendresse, elle contenait le détail des promesses de mon rival. Il ne bornait point sa dépense. Il s'engageait à lui compter dix mille francs en prenant possession de l'hôtel, et à réparer tellement les diminutions de cette somme, qu'elle l'eût toujours devant elle en argent comptant. Le jour de l'inauguration n'était pas reculé trop loin. Il ne lui en demandait que deux pour les préparatifs, et il lui marquait le nom de la rue et de l'hôtel où il lui promettait de l'attendre l'après-midi du second jour, si elle pouvait se dérober de mes mains. C'était l'unique point sur lequel il la conjurait de le tirer d'inquiétude : il paraissait sûr de tout le reste; mais il ajoutait que, si elle prévoyait de la difficulté à m'échapper, il trouverait le moyen de rendre sa fuite aisée.

G*** M*** était plus fin que son père. Il voulait tenir sa proie avant que de compter ses espèces. Nous délibérâmes sur la conduite que Manon avait à tenir. Je fis encore des efforts pour lui ôter cette entreprise de la tête, et je lui en représentai tous les dangers. Rien ne fut capable d'ébranler sa résolution.

Elle fit une courte réponse à G*** M*** pour l'assurer qu'elle ne trouverait pas de difficulté à se rendre à Paris le jour marqué, et qu'il pouvait l'attendre avec certitude.

Nous réglâmes ensuite que je partirais sur-le-champ pour aller louer un nouveau logement dans quelque village de l'autre côté de Paris, et que je transporterais avec moi notre petit équipage; que le lendemain après midi, qui était le temps de son assignation, elle se rendrait de bonne heure à Paris, qu'après avoir reçu les présents de G*** M***, elle le prierait instamment de la conduire à la Comédie, prendrait avec elle tout ce qu'elle pourrait porter de la somme, et qu'elle chargerait du reste mon valet, qu'elle voulait mener avec elle. C'était toujours le même qui l'avait délivrée de l'Hôpital, et qui nous était infiniment attaché. Je devais me trouver avec un fiacre à l'entrée de la rue Saint-André-des-Arts, et l'y laisser vers les sept heures, pour m'avancer dans l'obscurité à la porte de la Comédie. Manon me promettait d'inventer des prétextes pour sortir un instant de sa loge, et de l'employer à descendre pour me rejoindre. L'exécution, du reste, était facile. Nous aurions regagné mon fiacre en un moment, et nous serions sortis de Paris par le faubourg Saint-Antoine, qui était le chemin de notre nouvelle demeure.

Ce dessein, tout extravagant qu'il était, nous parut assez bien arrangé. Mais il y avait, dans le fond, une folle imprudence à s'imaginer que, quand il eût réussi le plus heureusement du monde, nous eussions jamais pu nous mettre à couvert des suites. Cependant nous nous exposâmes avec la plus téméraire confiance. Manon partit avec Marcel : c'est ainsi que se nommait notre valet. Je la vis partir avec douleur. Je lui dis en l'embrassant :

« Manon, ne me trompez-vous point ? Me serez-vous fidèle ? »

Elle se plaignit tendrement de ma défiance, et me renouvela tous ses serments.

Son compte était d'arriver à Paris sur les trois heures. Je partis après elle. J'allai me morfondre le reste de l'après-midi dans le café de Feré, au pont Saint-Michel. J'y demeurai jusqu'à la nuit. J'en sortis alors pour prendre un fiacre, que je postai, suivant notre projet, à l'entrée de la rue Saint-André-des-Arts ; ensuite je gagnai à pied la porte de la Comédie. Je fus surpris de n'y pas trouver Marcel, qui devait être à m'attendre. Je pris patience pendant une heure, confondu dans une foule de laquais, et l'œil ouvert sur tous les passants. Enfin, sept heures étant sonnées sans que j'eusse rien aperçu qui eût rapport à nos desseins, je pris un billet de parterre, pour aller voir si je découvrirais Manon et G*** M*** dans les loges. Ils n'y étaient ni l'un ni l'autre. Je retournai à la porte, où je passai encore un quart d'heure, transporté d'impatience et d'inquiétude. N'ayant rien vu paraître, je rejoignis mon fiacre, sans pouvoir m'arrêter à la moindre résolution. Le cocher, m'ayant aperçu, vint quelques pas au devant de moi, pour me dire d'un air mystérieux qu'une jolie demoiselle m'attendait depuis une heure dans le carrosse; qu'elle m'avait demandé à des signes qu'il avait bien reconnus, et qu'ayant appris que je devais revenir, elle avait dit qu'elle ne s'impatienterait point à m'attendre.

Je me figurai aussitôt que c'était Manon. J'approchai; mais je vis un joli petit visage qui n'était pas le sien : c'était une étrangère, qui me demanda d'abord si elle n'avait pas l'honneur de parler à M. le chevalier des Grieux. Je lui dis que c'était mon nom.

« J'ai une lettre à vous rendre, reprit-elle, qui vous instruira du sujet qui m'amène, et par quel rapport j'ai l'avantage de connaître votre nom. »

Je la priai de me donner le temps de la lire dans un cabaret voisin. Elle voulut me suivre, et elle me conseilla de demander une chambre à part.

« De qui vient cette lettre? » lui dis-je en montant.

Elle me remit à la lecture.

Je reconnus la main de Manon. Voici à peu près ce qu'elle me marquait : « G*** M*** l'avait reçue avec une politesse et une magnificence au-delà de toutes ses idées. Il l'avait comblée de présents. Il lui faisait envisager un sort de reine. Elle m'assurait néanmoins qu'elle ne m'oubliait pas dans cette nouvelle splendeur; mais que, n'ayant pu faire consentir G*** M*** à la mener ce soir à la Comédie, elle remettait à un autre jour le plaisir de me voir; et que, pour me consoler un peu de la peine qu'elle prévoyait que cette nouvelle pouvait me causer, elle avait trouvé le moyen de me procurer une des plus jolies filles de Paris, qui serait la porteuse de son billet. *Signé :* Votre fidèle amante, MANON LESCAUT. »

Il y avait quelque chose de si cruel et de si insultant pour moi dans cette lettre, que, demeurant suspendu quelque temps entre la colère et la douleur, j'entrepris de faire un effort pour oublier éternellement mon ingrate et parjure maîtresse. Je jetai les yeux sur la fille qui était devant moi. Elle était extrêmement jolie, et j'aurais souhaité qu'elle l'eût été assez pour me rendre parjure et infidèle à mon tour; mais je n'y trouvai point ces yeux fins et languissants, ce port divin, ce teint de la composition de l'Amour, enfin ce fonds inépuisable de charmes que la nature avait prodigués à la perfide Manon.

« Non, non, lui dis-je en cessant de la regarder, l'ingrate qui vous envoie savait fort bien qu'elle vous faisait faire une démarche inutile. Retournez à elle, et dites-lui de ma part qu'elle jouisse de son crime, et qu'elle en jouisse, s'il se peut, sans remords; je l'abandonne sans retour, et je renonce en même temps à toutes les femmes, qui ne sauraient être aussi aimables qu'elle, et qui sont sans doute aussi lâches et d'aussi mauvaise foi ! »

Je fus alors sur le point de descendre et de me retirer, sans prétendre davantage à Manon; et la jalousie mortelle qui me déchirait le cœur se déguisant en une morne et sombre tranquillité, je me crus d'autant plus proche de ma guérison, que je ne sentais nul de ces mouvements violents dont j'avais été agité dans les mêmes occasions. Hélas! j'étais la dupe de l'amour, autant que je croyais l'être de G*** M*** et de Manon.

Cette fille qui m'avait apporté la lettre, me voyant prêt à descendre l'escalier, me demanda ce que je voulais donc qu'elle rapportât à de G*** M*** et à la dame qui était avec lui. Je rentrai dans la chambre à cette question; et, par un changement incroyable à ceux qui n'ont jamais senti de passions violentes, je me trouvai tout d'un coup, de la tranquillité où je croyais être, dans un transport terrible de fureur.

« Va, lui dis-je, rapporte au traître G*** M*** et à sa perfide maîtresse le désespoir où sa maudite lettre m'a jeté; mais apprends-leur qu'ils n'en riront pas longtemps, et que je les poignarderai tous deux de ma propre main! »

Je me jetai sur une chaise; mon chapeau tomba d'un côté, et ma canne de l'autre. Deux ruisseaux de larmes amères commencèrent à couler de mes yeux. L'accès de rage que je venais de sentir se changea en une profonde douleur; je ne fis que pleurer, en poussant des gémissements et des soupirs.

« Approche! mon enfant, approche! m'écriai-je en parlant à la jeune fille, puisque c'est toi qu'on envoie pour me consoler. Dis-moi si tu sais des consolations contre la rage et le désespoir, contre l'envie de se donner la mort à soi-même, après avoir tué deux perfides qui ne méritent pas de vivre. Oui, approche, continuai-je, en voyant qu'elle faisait vers moi quelques pas timides et incertains; viens essuyer mes larmes; viens rendre la paix à mon cœur; viens me dire que tu m'aimes, afin que je m'accoutume à l'être d'une autre que de mon infidèle. Tu es jolie; je pourrai peut-être t'aimer à mon tour! »

Cette pauvre enfant, qui n'avait pas seize ou dix-sept ans, et qui paraissait avoir plus de pudeur que ses pareilles, était extraordinairement surprise d'une si étrange scène. Elle s'approcha néanmoins pour me faire quelques caresses; mais je l'écartai aussitôt en la repoussant de mes mains,

« Que veux-tu de moi, lui dis-je? Ah! tu es une femme; tu es d'un sexe que je déteste, et que je ne puis plus souffrir! La douceur de ton visage me menace encore de quelque trahison. Va-t'en, et laisse-moi seul ici! »

Elle me fit une révérence sans oser rien me dire, et elle se tourna pour sortir. Je lui criai de s'arrêter.

« Mais apprends-moi du moins, repris-je, pourquoi, comment, et à quel dessein tu as été envoyée ici? Comment as-tu découvert mon nom et le lieu où tu pouvais me trouver? »

Elle me dit qu'elle connaissait de longue main M. de G*** M***; qu'il l'avait envoyé chercher à cinq heures, et qu'ayant suivi le laquais qui l'avait avertie, elle était allée dans une grande maison, où elle l'avait trouvé qui jouait au piquet avec une jolie dame, et qu'ils l'avaient chargée tous deux de me rendre la lettre qu'elle m'avait apportée, après lui avoir appris qu'elle me trouverait dans un carrosse, au bout de la rue Saint-André. Je lui demandai s'ils ne lui avaient rien dit de plus. Elle me répondit en rougissant qu'ils lui avaient fait espérer que je la prendrais pour me tenir compagnie.

« On t'a trompée, lui dis-je, ma pauvre fille, on t'a trompée. Tu es une femme, il te faut un homme; mais il t'en faut un qui soit riche et heureux, et ce n'est pas ici que tu peux le trouver. Retourne, retourne à M. de G*** M***; il a tout ce qu'il faut pour être aimé des belles; il a des hôtels meublés et des équipages à donner. Pour moi, qui n'ai que de l'amour à offrir, les femmes méprisent ma misère, et font leur jouet de ma simplicité. »

J'ajoutai mille choses, ou tristes, ou violentes, suivant que les passions qui m'agitaient tour à tour cédaient ou emportaient le dessus. Cependant, à force de me tourmenter, mes transports diminuèrent assez pour faire place à quelques réflexions. Je comparai cette dernière infortune à celles que j'avais déjà essuyées dans le même genre, et je ne trouvai pas qu'il y eût plus à désespérer que dans les premières. Je connaissais Manon : pourquoi m'affliger tant d'un malheur que j'avais dû prévoir? Pourquoi ne pas m'employer plutôt à chercher du remède? Il était encore temps. Je devais du moins n'y pas épargner mes soins, si je ne voulais avoir à me reprocher d'avoir contribué par ma négligence à mes propres peines. Je me mis là-dessus à considérer tous les moyens qui pouvaient m'ouvrir un chemin à l'espérance.

Entreprendre de l'arracher avec violence des mains de G*** M***, c'était un parti désespéré qui n'était propre qu'à me perdre, et qui n'avait pas la moindre apparence de succès. Mais il me semblait que, si j'eusse pu me procurer le moindre entretien avec elle, j'aurais gagné infailliblement quelque chose sur son cœur; j'en connaissais si bien tous les endroits sensibles! J'étais si sûr d'être aimé d'elle! Cette bizarrerie même de m'avoir envoyé une jolie fille pour me consoler, j'aurais parié qu'elle venait de son invention, et que c'était un effet de sa compassion pour mes peines!

Je résolus d'employer toute mon industrie pour la voir. Parmi quantité de voies que j'examinai l'une après l'autre, je m'arrêtai à celle-ci : M. de T*** avait commencé à me rendre service avec trop d'affection pour me laisser le moindre doute de sa sincérité et de son zèle. Je me proposai d'aller chez lui sur-le-champ, et de l'engager à faire appeler G*** M***, sous le prétexte d'une affaire importante. Il ne me fallait qu'une demi-heure pour parler à Manon. Mon dessein était de me faire introduire dans sa chambre même, et je crus que cela me serait aisé dans l'absence de G*** M***.

Cette résolution m'ayant rendu plus tranquille, je payai libéralement la jeune fille, qui était encore avec moi, et, pour lui ôter l'envie de retourner chez ceux qui me l'avaient envoyée, je pris son adresse, en lui faisant espérer que j'irais passer la nuit avec elle. Je montai dans mon fiacre, et je me fis conduire à grand train chez M. de T***. Je fus assez heureux pour l'y trouver; j'avais eu là-dessus de l'inquiétude en chemin. Un mot le mit au fait de mes peines et du service que je venais demander.

Il fut si étonné d'apprendre que G*** M*** avait pu séduire Manon, qu'ignorant que j'avais eu part moi-même à mon malheur, il m'offrit généreusement d'assembler tous ses amis pour employer leurs bras et leurs épées à la délivrance de ma maîtresse.

Je lui fis comprendre que cet éclat pouvait être pernicieux à Manon et à moi.

« Réservons notre sang, lui dis-je, pour l'extrémité. Je médite une voie plus douce et dont je n'espère pas moins de succès. »

Il s'engagea, sans exception, à faire tout ce que je demanderais de lui; et, lui ayant répété qu'il ne s'agissait que de faire avertir G*** M*** qu'il avait à lui parler et de le tenir dehors une heure ou deux, il partit aussitôt pour me satisfaire.

Nous cherchâmes de quel expédient il pourrait se servir pour l'arrêter si longtemps. Je lui conseillai de lui écrire d'abord un billet simple, daté d'un cabaret, par lequel il le prierait de s'y rendre aussitôt, pour une affaire si importante qu'elle ne pouvait souffrir de délai.

« J'observerai, ajoutai-je, le moment de sa sortie, et je m'introduirai sans peine dans la maison, n'y étant connu que de Manon et de Marcel, qui est mon valet. Pour vous, qui serez pendant ce temps-là avec G*** M***, vous pourrez lui dire que cette affaire importante pour laquelle vous souhaitez de lui parler est un besoin d'argent; que vous venez de perdre le vôtre au jeu, et que vous avez joué beaucoup plus sur votre parole avec le même malheur. Il lui faudra du temps pour vous mener à son coffre-fort, et j'en aurai suffisamment pour exécuter mon dessein. »

M. de T*** suivit cet arrangement de point en point. Je le laissai dans un cabaret, où il écrivit promptement sa lettre. J'allai me placer à quelques pas de la maison de Manon; je vis arriver le porteur du message, et G*** M*** sortir à pied un moment après, suivi d'un laquais. Lui ayant laissé le temps de s'éloigner de la rue, je m'avançai à la porte de mon infidèle, et, malgré toute ma colère, je frappai avec le respect qu'on a pour un temple. Heureusement ce fut Marcel qui vint m'ouvrir. Je lui fis signe de se taire; quoique je n'eusse rien à craindre des autres domestiques, je lui demandai tout bas s'il pouvait me conduire dans la chambre où était Manon sans que je fusse aperçu. Il me dit que cela était aisé, en montant doucement par le grand escalier.

« Allons donc promptement, lui dis-je, et tâche d'empêcher, pendant que j'y serai, qu'il n'y monte personne. »

Je pénétrai sans obstacle jusqu'à l'appartement.

Manon était occupée à lire. Ce fut là que j'eus lieu d'admirer le caractère de cette étrange fille. Loin d'être effrayée et de paraître timide en m'apercevant, elle ne donna que ces marques légères de surprise dont on n'est pas le maître à la vue d'une personne qu'on croit éloignée.

« Ah! c'est vous, mon amour, me dit-elle, en venant m'embrasser avec sa tendresse ordinaire. Bon Dieu ! que vous êtes hardi !

Qui vous aurait attendu aujourd'hui dans ce lieu ? »

Je me dégageai de ses bras, et, loin de répondre à ses caresses, je la repoussai avec dédain, et fis deux ou trois pas en arrière pour m'éloigner d'elle. Ce mouvement ne laissa pas de la déconcerter. Elle demeura dans la situation où elle était, et elle jeta les yeux sur moi en changeant de couleur.

J'étais, dans le fond, si charmé de la revoir, qu'avec tant de justes sujets de colère j'avais à peine la force d'ouvrir la bouche pour la quereller. Cependant mon cœur saignait du cruel outrage qu'elle m'avait fait; je le rappelais vivement à ma mémoire pour exciter mon dépit, et je tâchais de faire briller dans mes yeux un autre feu que celui de l'amour. Comme je demeurai quelque temps en silence, et qu'elle remarqua mon agitation, je la vis trembler, apparemment par un effet de sa crainte.

Je ne pus soutenir ce spectacle.

« Ah ! Manon, lui dis-je d'un ton tendre, infidèle et parjure Manon ! par où commencerai-je à me plaindre ? Je vous vois pâle et tremblante, et je suis encore si sensible à vos moindres peines, que je crains de vous affliger trop par mes reproches ! Mais, Manon, je vous le dis, j'ai le cœur percé de la douleur de votre trahison. Ce sont là des coups qu'on ne porte point à un amant quand on n'a pas résolu sa mort. Voici la troisième fois, Manon; je les ai bien comptées; il est impossible que cela s'oublie. C'est à vous de considérer, à l'heure même, quel parti vous voulez prendre, car mon triste cœur n'est plus à l'épreuve d'un si cruel traitement. Je sens qu'il succombe et qu'il est prêt à se fendre de douleur. Je n'en puis plus, ajoutai-je en m'asseyant sur une chaise; j'ai à peine la force de parler et de me soutenir. »

Elle ne me répondit point; mais, lorsque je fus assis, elle se laissa tomber à genoux, et elle appuya sa tête sur les miens, en cachant son visage de mes mains. Je sentis en un instant qu'elle les mouillait de ses larmes. Dieux! de quels mouvements n'étais-je point agité!...

« Ah! Manon, Manon, repris-je avec un soupir, il est bien tard de me donner des larmes, lorsque vous avez causé ma mort! Vous affectez une tristesse que vous ne sauriez sentir. Le plus grand de vos maux est sans doute ma présence, qui a toujours été importune à vos plaisirs. Ouvrez les yeux, voyez qui je suis; on ne verse pas de pleurs si tendres pour un malheureux qu'on a trahi et qu'on abandonne cruellement. »

Elle baisait mes mains sans changer de posture.

« Inconstante Manon, repris-je encore, fille ingrate et sans foi, où sont vos promesses et vos serments? Amante mille fois volage et cruelle, qu'as-tu fait de cet amour que tu me jurais encore aujourd'hui? Juste Ciel! ajoutai-je, est-ce ainsi qu'une infidèle se rit de vous, après vous avoir attesté si saintement? C'est donc le parjure qui est récompensé? Le désespoir et l'abandon sont pour la constance et la fidélité! »

Ces paroles furent accompagnées d'une réflexion si amère, que j'en laissai échapper malgré moi quelques larmes. Manon s'en aperçut au changement de ma voix. Elle rompit enfin le silence.

« Il faut bien que je sois coupable, me dit-elle tristement, puisque j'ai pu vous causer tant de douleur et d'émotion; mais que le Ciel me punisse si j'ai cru l'être, ou si j'ai eu la pensée de le devenir! »

Ce discours me parut si dépourvu de sens et de bonne foi, que je ne pus me défendre d'un vif mouvement de colère.

« Horrible dissimulation! m'écriai-je. Je vois mieux que jamais que tu n'es qu'une coquine et une perfide! C'est à présent que je connais ton misérable caractère. Adieu, lâche créature, continuai-je en me levant; j'aime mieux mourir mille fois que d'avoir désormais le moindre commerce avec toi!

Que le Ciel me punisse moi-même si je t'honore jamais du moindre regard! Demeure avec ton nouvel amant, aime-le, déteste-moi, renonce à l'honneur, au bon sens; je m'en ris, tout m'est égal! »

Elle fut si épouvantée de ce transport, que, demeurant à genoux près de la chaise d'où je m'étais levé, elle me regardait en tremblant et sans oser respirer. Je fis encore quelques pas vers la porte en tournant la tête, et tenant les yeux fixés sur elle. Mais il aurait fallu que j'eusse perdu tout sentiment d'humanité pour m'endurcir contre tant de charmes.

J'étais si éloigné d'avoir cette force barbare, que, passant tout d'un coup à l'extrémité opposée, je retournai vers elle, ou plutôt je m'y précipitai sans réflexions. Je la pris dans mes bras, je lui donnai mille tendres baisers; je lui demandai pardon de mon emportement; je confessai que j'étais un brutal, et que je ne méritais pas le bonheur d'être aimé d'une fille comme elle.

Je la fis asseoir, et, m'étant mis à genoux à mon tour, je la conjurai de m'écouter en cet état. Là, tout ce qu'un amant soumis et passionné peut imaginer de plus respectueux et de plus tendre, je le renfermai en peu de mots dans mes excuses. Je lui demandai en grâce de prononcer qu'elle me pardonnait.

Elle laissa tomber ses bras sur mon cou, en disant que c'était elle-même qui avait besoin de ma bonté pour me faire oublier les chagrins qu'elle me causait, et qu'elle commençait à craindre avec raison que je ne goûtasse point ce qu'elle avait à me dire pour se justifier.

« Moi ! interrompis-je aussitôt; ah ! je ne vous demande point de justification. J'approuve tout ce que vous avez fait. Ce n'est point à moi d'exiger des raisons de votre conduite. Trop content, trop heureux si ma chère Manon ne m'ôte point la tendresse de mon cœur ! Mais, continuai-je, ne réfléchissant pas sur l'état de mon sort, toute-puissante Manon, vous qui faites à votre gré mes joies et mes douleurs, après vous avoir satisfait par mes humiliations et par les marques de mon repentir, ne me sera-t-il point permis de vous parler de ma tristesse et de mes peines ? Apprendrai-je de vous ce qu'il faut que je devienne aujourd'hui, et si c'est sans retour que vous allez signer ma mort, en passant la nuit avec mon rival ? »

Elle fut quelque temps à méditer sa réponse.

« Mon Chevalier, me dit-elle en reprenant un air tranquille, si vous vous étiez d'abord expliqué si nettement, vous vous seriez épargné bien du trouble, et à moi une scène bien affligeante. Puisque votre peine ne vient que de votre jalousie, je l'aurais guérie en m'offrant à vous suivre sur-le-champ au bout du monde. Mais je me suis figuré que c'était la lettre que je vous ai écrite sous les yeux de M. de G*** M***, et la fille que nous vous avons envoyée qui causaient votre chagrin. J'ai cru que vous auriez pu regarder ma lettre comme une raillerie, et cette fille, en vous imaginant qu'elle était allée vous trouver de ma part, comme une déclaration que je renonçais à vous pour m'attacher à G*** M***. C'est une pensée qui m'a jetée tout d'un coup dans la consternation : car, quelque innocente que je fusse, je trouvais, en y pensant, que les apparences ne m'étaient point favorables. Cependant, continua-t-elle, je veux que vous soyez mon juge, après que je vous aurai expliqué la vérité du fait. »

Elle m'apprit alors tout ce qui lui était arrivé depuis qu'elle avait trouvé G*** M*** qui l'attendait dans le lieu où nous étions. Il l'avait reçue effectivement comme la première princesse du monde. Il lui avait montré tous les appartements, qui étaient d'un goût et d'une propreté admirables. Il lui avait compté dix mille livres dans son cabinet, et il y avait ajouté quelques bijoux, parmi lesquels étaient le collier et les bracelets de perles qu'elle avait déjà eus de son père. Il l'avait menée de là dans un salon qu'elle n'avait pas encore vu, où elle avait trouvé une collation exquise. Il l'avait fait servir par les nouveaux domestiques qu'il avait pris pour elle, en leur ordonnant de la regarder désormais comme leur maîtresse; enfin il lui avait fait voir le carrosse, les chevaux et tout le reste de ses présents; après quoi il lui avait proposé une partie au jeu pour attendre le souper.

« Je vous avoue, continua-t-elle, que j'ai été frappée de cette magnificence. J'ai fait réflexion que ce serait dommage de nous priver tout d'un coup de tant de biens, en me contentant d'emporter les dix mille francs et les bijoux; que c'était une fortune toute faite pour vous et pour moi, et que nous pourrions vivre agréablement aux dépens de G*** M***.

« Au lieu de lui proposer la Comédie, je me suis mis dans la tête de le sonder sur votre sujet, pour pressentir quelles facilités nous aurions à nous voir, en supposant l'exécution de mon système. Je l'ai trouvé d'un caractère fort traitable. Il m'a demandé ce que je pensais de vous, et si je n'avais pas eu quelque regret de vous quitter. Je lui ai dit que vous étiez si aimable, et que vous en aviez toujours usé si honnêtement avec moi, qu'il n'était pas naturel que je pusse vous haïr. Il a confessé que vous aviez du mérite, et qu'il s'était senti porté à désirer votre amitié.

« Il a voulu savoir de quelle manière je croyais que vous prendriez mon départ, surtout lorsque vous viendriez à savoir que j'étais entre ses mains. Je lui ai répondu que la date de notre amour était déjà si ancienne, qu'il avait eu le temps de se refroidir un peu ; que vous n'étiez pas d'ailleurs fort à votre aise, et que vous ne regarderiez peut-être pas ma perte comme un grand malheur, parce qu'elle vous déchargerait d'un fardeau qui vous pesait sur les bras. J'ai ajouté qu'étant tout à fait convaincue que vous agiriez pacifiquement, je n'avais pas fait difficulté de vous dire que je venais à Paris pour quelques affaires ; que vous y aviez consenti, et qu'y étant venu vous-même, vous n'aviez pas paru extrêmement inquiet lorsque je vous avais quitté.

« Si je croyais, m'a-t-il dit, qu'il fût d'hu-
« meur à bien vivre avec moi, je serais le
« premier à lui offrir mes services et mes
« civilités. » Je l'ai assuré que, du caractère dont je vous connaissais, je ne doutais point que vous n'y répondissiez honnêtement, surtout, lui ai-je dit, s'il pouvait vous servir dans vos affaires, qui étaient fort dérangées depuis que vous étiez mal avec votre famille.

Il m'a interrompue pour me protester qu'il vous rendrait tous les services qui dépendraient de lui, et que si vous vouliez même vous embarquer dans un autre amour, il vous procurerait une jolie maîtresse, qu'il avait quittée pour s'attacher à moi.

« J'ai applaudi à son idée, ajouta-t-elle, pour prévenir plus parfaitement tous ses soupçons ; et, me confirmant de plus en plus dans mon projet, je ne souhaitais que de pouvoir trouver le moyen de vous en informer, de peur que vous ne fussiez trop alarmé lorsque vous me verriez manquer à notre assignation. C'est dans cette vue que je lui ai proposé de vous envoyer cette nouvelle maîtresse dès le soir même, afin d'avoir une occasion de vous écrire; j'étais obligée d'avoir recours à cette adresse, parce que je ne pouvais espérer qu'il me laissât libre un moment.

« Il a ri de ma proposition. Il a appelé son laquais, et, lui ayant demandé s'il pourrait retrouver sur-le-champ son ancienne maîtresse, il l'a envoyé de côté et d'autre pour la chercher. Il s'imaginait que c'était à Chaillot qu'il fallait qu'elle allât vous trouver; mais je lui ai appris qu'en vous quittant je vous avais promis de vous rejoindre à la Comédie, ou que, si quelque raison m'empêchait d'y aller, vous vous étiez engagé à m'attendre dans un carrosse au bout de la rue Saint-André; qu'il valait mieux par conséquent vous envoyer là votre nouvelle amante, ne fût-ce que pour vous empêcher de vous y morfondre pendant toute la nuit. Je lui ai dit encore qu'il était à propos de vous écrire un mot pour vous avertir de cet échange, que vous auriez peine à comprendre sans cela. Il y a consenti; mais j'ai été obligée d'écrire en sa présence, et je me suis bien gardée de m'expliquer trop ouvertement dans ma lettre.

« Voilà, ajouta Manon, de quelle manière les choses se sont passées. Je ne vous déguise rien, ni de ma conduite, ni de mes desseins. La jeune fille est venue; je l'ai trouvée jolie, et comme je ne doutais point que mon absence vous causât de la peine, c'est sincèrement que je souhaitais qu'elle pût servir à vous désennuyer quelques moments, car la fidélité que je souhaite de vous est celle du cœur. J'aurais été ravie de pouvoir vous envoyer Marcel; mais je n'ai pu me procurer un moment pour l'instruire de ce que j'avais à vous faire savoir. »

Elle conclut enfin son récit en m'apprenant l'embarras où G*** M*** s'était trouvé en recevant le billet de M. de T***.

« Il a balancé, me dit-elle, s'il devait me quitter, et il m'a assuré que son retour ne tarderait point : c'est ce qui fait que je ne vous vois point ici sans inquiétude, et que j'ai marqué de la surprise à votre arrivée. »

J'écoutai ce discours avec beaucoup de patience. J'y trouvais assurément quantité de traits cruels et mortifiants pour moi ; car le dessein de son infidélité était si clair, qu'elle n'avait pas même eu le soin de me la déguiser. Elle ne pouvait espérer que G*** M*** la laissât toute la nuit comme une vestale. C'était donc avec lui qu'elle comptait de la passer.

Quel aveu pour un amant !

Cependant je considérai que j'étais cause en partie de sa faute, par la connaissance que je lui avais donnée d'abord des sentiments que G*** M*** avait pour elle, et par la complaisance que j'avais eue d'entrer aveuglément dans le plan téméraire de son aventure. D'ailleurs, par un tour naturel de génie qui m'est particulier, je fus touché de l'ingénuité de son récit, et de cette manière bonne et ouverte avec laquelle elle me racontait jusqu'aux circonstances dont j'étais le plus offensé.

« Elle pèche sans malice, disais-je en moi-même ; elle est légère et imprudente, mais elle est droite et sincère. »

Ajoutez que l'amour suffisait seul pour me fermer les yeux sur toutes ses fautes.

J'étais trop satisfait de l'espérance de l'enlever le soir même à mon rival.

Je lui dis néanmoins :

« Et la nuit, avec qui l'auriez-vous passée ? »

Cette question, que je lui fis tristement, l'embarrassa.

Elle ne me répondit que par des *mais* et des *si* interrompus.

J'eus pitié de sa peine, et, rompant ce discours, je lui déclarai naturellement que j'attendais d'elle qu'elle me suivît à l'heure même.

« Je le veux bien, me dit-elle, mais vous n'approuvez donc pas mon projet ?

— Ah ! n'est-ce pas assez, repartis-je, que j'approuve tout ce que vous avez fait jusqu'à présent ?

— Quoi ! nous n'emporterons pas même les dix mille francs ? répliqua-t-elle. Il me les a donnés ; ils sont à moi. »

Je lui conseillai d'abandonner tout et de ne penser qu'à nous éloigner promptement ; car, quoiqu'il y eût à peine une demi-heure que j'étais avec elle, je craignais le retour de G*** M***. Cependant elle me fit de si pressantes instances pour me faire consentir à ne pas sortir les mains vides, que je crus lui devoir accorder quelque chose, après avoir tant obtenu d'elle.

Dans le temps que nous nous préparions au départ, j'entendis frapper à la porte de la rue. Je ne doutai nullement que ce ne fût G*** M***, et, dans le trouble où cette pensée me jeta, je dis à Manon que c'était un homme mort s'il paraissait. Effectivement, je n'étais pas assez revenu de mes transports pour me modérer à sa vue. Marcel finit ma peine en m'apportant un billet qu'il avait reçu pour moi à la porte; il était de M. de T***.

Il me marquait que, G*** M*** étant allé lui chercher de l'argent à sa maison, il profitait de son absence pour me communiquer une pensée fort plaisante : qu'il lui semblait que je ne pouvais me venger plus agréablement de mon rival qu'en mangeant son souper, et en couchant, cette nuit même, dans le lit qu'il espérait occuper avec ma maîtresse; que cela lui paraissait assez facile, si je pouvais m'assurer de trois ou quatre hommes qui eussent assez de résolution pour l'arrêter dans la rue, et de fidélité pour le garder à vue jusqu'au lendemain; que, pour lui, il promettait de l'amuser encore une heure pour le moins par des raisons qu'il tenait prêtes pour son retour.

Je montrai ce billet à Manon, et je lui appris de quelle ruse je m'étais servi pour m'introduire librement chez elle. Mon invention et celle de M. de T*** lui parurent admirables. Nous en rîmes à notre aise pendant quelques moments ; mais, lorsque je lui parlai de la dernière comme d'un badinage, je fus surpris qu'elle insistât sérieusement à me la proposer comme une chose dont l'idée la ravissait. En vain lui demandai-je où elle voulait que je trouvasse tout d'un coup des gens propres à arrêter G*** M*** et à le garder fidèlement; elle me dit qu'il fallait du moins tenter, puisque M. de T*** nous garantissait encore une heure; et, pour réponse à mes autres objections, elle me dit que je faisais le tyran, et que je n'avais pas de complaisance pour elle. Elle ne trouvait rien de si joli que ce projet.

« Vous aurez son couvert à souper, me répétait-elle, vous coucherez dans ses draps, et demain de grand matin vous enlèverez sa maîtresse et son argent. Vous serez bien vengé du père et du fils! »

Je cédai à ces instances, malgré les mouvements secrets de mon cœur, qui semblaient me présager une catastrophe malheureuse.

Je sortis dans le dessein de prier deux ou trois gardes du corps avec lesquels Lescaut m'avait mis en liaison, de se charger du soin d'arrêter G*** M***. Je n'en trouvai qu'un au logis; mais c'était un homme entreprenant, qui n'eût pas plutôt su de quoi il était question qu'il m'assura du succès; il me demanda seulement dix pistoles pour récompenser trois soldats aux gardes qu'il prit la résolution d'employer en se mettant à leur tête. Je le priai de ne pas perdre de temps. Il les assembla en moins d'un quart d'heure. Je l'attendais à sa maison, et, lorsqu'il fut de retour avec ses associés, je le conduisis moi-même au coin d'une rue par laquelle G*** M*** devait nécessairement rentrer dans celle de Manon. Je lui recommandai de ne pas le maltraiter mais de le garder si étroitement jusqu'à sept heures du matin, que je pusse être assuré qu'il ne lui échapperait pas. Il me dit que son dessein était de le conduire à sa chambre, et de l'obliger à se déshabiller ou même à se coucher dans son lit, tandis que lui et ses trois braves passeraient la nuit à boire et à jouer.

Je demeurai avec eux jusqu'au moment où je vis paraître G*** M***, et je me retirai alors quelques pas au-dessous, dans un endroit obscur pour être témoin d'une scène si extraordinaire.

Le garde du corps l'aborda le pistolet au poing, et lui expliqua civilement qu'il n'en voulait ni à sa vie ni à son argent, mais que, s'il faisait la moindre difficulté de le suivre, ou s'il jetait le moindre cri, il allait lui brûler la cervelle.

G*** M***, le voyant soutenu par trois soldats, et craignant sans doute la bourre du pistolet, ne fit pas de résistance. Je le vis emmener comme un mouton.

Je retournai aussitôt chez Manon ; et, pour ôter tout soupçon aux domestiques, je lui dis en entrant qu'il ne fallait pas attendre M. de G*** M*** pour souper, qu'il lui était survenu des affaires qui le retenaient malgré lui, et qu'il m'avait prié de venir lui en faire des excuses et souper avec elle, ce que je regardais comme une grande faveur, auprès d'une aussi belle dame. Elle seconda fort adroitement mon dessein. Nous nous mîmes à table. Nous y prîmes un air grave pendant que les laquais demeurèrent à nous servir. Enfin, les ayant congédiés, nous passâmes une des plus charmantes soirées de notre vie.

J'ordonnai en secret à Marcel de chercher un fiacre et de l'avertir de se trouver le lendemain à la porte avant six heures du matin. Je feignis de quitter Manon vers minuit : mais, étant rentré doucement, par le secours de Marcel, je me préparai à occuper le lit de G*** M***, comme j'avais rempli sa place à table.

Pendant ce temps-là notre mauvais génie

travaillait à nous perdre. Nous étions dans le délire du plaisir, et le glaive était suspendu sur nos têtes. Le fil qui le soutenait allait se rompre. Mais pour mieux faire entendre toutes les circonstances de notre ruine, il faut en éclaircir la cause.

G*** M*** était suivi d'un laquais lorsqu'il avait été arrêté par les gardes du corps. Ce garçon, effrayé de l'aventure de son maître, retourna en fuyant sur ses pas, et la première démarche qu'il fit pour le secourir fut d'aller avertir le vieux G*** M*** de ce qui venait d'arriver.

Une si fâcheuse nouvelle ne pouvait manquer de l'alarmer beaucoup. Il n'avait que ce fils, et sa vivacité était extrême pour son âge. Il voulut savoir d'abord du laquais tout ce que son fils avait fait l'après-midi : s'il s'était querellé avec quelqu'un; s'il avait pris part au démêlé d'un autre; s'il s'était trouvé dans quelque maison suspecte.

Celui-ci, qui croyait son maître dans le dernier danger, et qui s'imaginait ne devoir plus rien ménager pour lui procurer du secours, découvrit tout ce qu'il savait de son amour pour Manon, et de la dépense qu'il avait faite pour elle, la manière dont il avait passé l'après-midi dans sa maison jusqu'aux environs de neuf heures, sa sortie et le malheur de son retour. C'en fut assez pour faire soupçonner au vieillard que l'affaire de son fils était une querelle d'amour. Quoiqu'il fût au moins dix heures et demie du soir, il ne balança point à se rendre aussitôt chez M. le lieutenant de Police. Il le pria de faire donner des ordres particuliers à toutes les escouades du guet; et, lui en ayant demandé une pour se faire accompagner, il courut lui-même vers la rue où son fils avait été arrêté. Il visita tous les endroits de la ville où il espérait de le pouvoir trouver, et, n'ayant pu découvrir ses traces, il se fit conduire enfin à la maison de sa maîtresse, où il se figura qu'il pouvait être retourné.

J'allais me mettre au lit lorsqu'il arriva. La porte de la chambre étant fermée, je n'entendis point frapper à celle de la rue; mais il entra suivi de deux archers, et, s'étant informé inutilement de ce qu'était devenu son fils, il lui prit envie de voir sa maîtresse, pour tirer d'elle quelque lumière. Il monte à l'appartement, toujours accompagné de ses archers.

Nous étions prêts à nous mettre au lit, il ouvre la porte, et il nous glace le sang par sa vue...

« O Dieu ! c'est le vieux G*** M*** ! » dis-je à Manon.

Je saute sur mon épée. Elle était malheureusement embarrassée dans mon ceinturon. Les archers, qui virent mon mouvement, s'approchèrent aussitôt pour me la saisir. Un homme en chemise est sans résistance; ils m'ôtèrent tous les moyens de me défendre.

G*** M***, quoique troublé par ce spectacle, ne tarda point à me reconnaître. Il remit encore plus aisément Manon.

« Est-ce une illusion ? nous dit-il gravement ; ne vois-je point le chevalier des Grieux et Manon Lescaut ? »

J'étais si enragé de honte et de douleur, que je ne lui fis pas de réponse.

Il parut rouler pendant quelque temps diverses pensées dans sa tête, et, comme si elles eussent allumé tout d'un coup sa colère, il s'écria, en s'adressant à moi :

« Ah ! malheureux, je suis sûr que tu as tué mon fils ! »

Cette injure me piqua vivement.

« Vieux scélérat, lui répondis-je, avec fierté, si j'avais eu à tuer quelqu'un de ta famille, c'est par toi que j'aurais commencé !

— Tenez-le bien, dit-il aux archers. Il faut qu'il me dise des nouvelles de mon fils. Je le ferai pendre demain, s'il ne m'apprend tout à l'heure ce qu'il en a fait.

— Tu me feras pendre ? repris-je. Infâme ! ce sont tes pareils qu'il faut envoyer au gibet. Apprends que je suis d'un sang plus noble et plus pur que le tien. Oui, ajoutai-je, je sais ce qui est arrivé à ton fils; et si tu m'irrites davantage, je le ferai étrangler avant qu'il soit demain, et je te promets le même sort après lui. »

Je commis une imprudence en lui confessant que je savais où était son fils, mais l'excès de ma colère me fit faire cette indiscrétion.

Il appela aussitôt cinq ou six autres archers qui l'attendaient à la porte, et il leur ordonna de s'assurer de tous les domestiques de la maison.

« Ah! Monsieur le chevalier, reprit-il d'un ton railleur, vous savez où est mon fils, et vous le ferez étrangler, dites-vous; comptez que nous y mettrons bon ordre. »

Je sentis aussitôt la faute que j'avais commise.

Il s'approcha de Manon qui était assise sur le lit en pleurant; il lui dit quelques galanteries ironiques sur l'empire qu'elle avait sur le père et sur le fils, et sur le bon usage qu'elle en faisait. Ce vieux monstre d'incontinence voulut prendre quelques familiarités avec elle.

« Garde-toi de la toucher! m'écriai-je; il n'y aurait rien de sacré qui te pût sauver de mes mains! »

Il sortit en laissant trois archers dans la chambre, auxquels il ordonna de nous faire prendre promptement nos habits.

Je ne sais quels étaient alors ses desseins sur nous. Peut-être eussions-nous obtenu la liberté en lui apprenant où était son fils. Je méditais, en m'habillant, si ce n'était pas le meilleur parti. Mais s'il était dans cette disposition en quittant notre chambre, elle était bien changée lorsqu'il y revint. Il était allé interroger les domestiques de Manon, que les archers avaient arrêtés. Il ne put rien apprendre de ceux qu'elle avait reçus de son fils; mais lorsqu'il sut que Marcel nous avait servis auparavant, il résolut de le faire parler en l'intimidant par des menaces.

C'était un garçon fidèle mais simple et grossier. Le souvenir de ce qu'il avait fait à l'Hôpital pour délivrer Manon, joint à la terreur que G*** M*** lui inspirait, fit tant d'impressions sur son esprit faible, qu'il s'imagina qu'on allait le conduire à la potence ou sur la roue. Il promit de découvrir tout ce qui était venu à sa connaissance, si l'on voulait lui sauver la vie. G*** M*** se persuada là-dessus qu'il y avait quelque chose dans nos affaires de plus sérieux et de plus criminel qu'il n'avait eu lieu jusque-là de se le figurer. Il offrit à Marcel non seulement la vie, mais des récompenses pour sa confession.

Ce malheureux lui apprit une partie de notre dessein, sur lequel nous n'avions pas fait difficulté de nous entretenir devant lui, parce qu'il devait y entrer pour quelque chose. Il est vrai qu'il ignorait entièrement les changements que nous y avions faits à Paris ; mais il avait été informé, en partant de Chaillot, du plan de l'entreprise et du rôle qu'il devait y jouer. Il lui déclara donc que notre vue était de duper son fils, que Manon devait recevoir ou avait déjà reçu dix mille francs, qui, selon notre projet, ne retourneraient jamais aux héritiers de la maison de G*** M***.

Après cette découverte, le vieillard remonta brusquement dans notre chambre. Il passa sans parler dans le cabinet, où il n'eut pas de peine à trouver la somme et les bijoux. Il revint à nous avec un visage enflammé, et, nous montrant ce qu'il lui plut de nommer notre larcin, il nous accabla de reproches outrageants. Il fit voir de près à Manon le collier de perles et les bracelets.

« Les reconnaissez-vous ? lui dit-il avec un sourire moqueur. Ce n'était pas la première fois que vous les eussiez vus. Les mêmes, sur ma foi ! Ils étaient de votre goût ma belle ; je me le persuade aisément.

Les pauvres enfants! ajouta-t-il, ils sont bien aimables, en effet, l'un et l'autre; mais ils sont un peu fripons! »

Mon cœur crevait de rage à ce discours insultant. J'aurais donné, pour être libre un moment... juste Ciel! que n'aurais-je pas donné? Enfin, je me fis violence pour lui dire, avec une modération qui n'était qu'un raffinement de fureur!

« Finissons, Monsieur, ces insolentes railleries. De quoi est-il question? Voyons, que prétendez-vous faire de nous?

— Il est question, Monsieur le chevalier, me répondit-il, d'aller de ce pas au Châtelet. Il fera jour demain : nous verrons plus clair dans nos affaires, et j'espère que vous me ferez la grâce, à la fin, de m'apprendre où est mon fils. »

Je compris sans beaucoup de réflexions, que c'était une chose d'une terrible conséquence pour nous d'être une fois renfermés au Châtelet. J'en prévis en tremblant tous les dangers. Malgré toute ma fierté, je reconnus qu'il fallait plier sous le poids de ma fortune, et flatter mon plus cruel ennemi pour en obtenir quelque chose par la soumission. Je le priai d'un ton honnête de m'écouter un moment.

« Je me rends justice, Monsieur, lui dis-je. Je confesse que la jeunesse m'a fait commettre de grandes fautes, et que vous en êtes assez blessé pour vous plaindre ; mais si vous connaissez la force de l'amour, si vous pouvez juger de ce que souffre un malheureux jeune homme à qui l'on enlève tout ce qu'il aime, vous me trouverez peut-être pardonnable d'avoir cherché le plaisir d'une petite vengeance, ou du moins vous me croirez assez puni par l'affront que je viens de recevoir. Il n'est besoin ni de prison ni de supplice pour me forcer de vous découvrir où est Monsieur votre fils. Il est en sûreté. Mon dessein n'a pas été de lui nuire ni de vous offenser. Je suis prêt à vous nommer le lieu où il passe tranquillement la nuit, si vous me faites la grâce de nous accorder la liberté. »

Le vieux tigre, loin d'être touché de ma prière, me tourna le dos en riant. Il lâcha seulement quelques mots, pour me faire comprendre qu'il savait notre dessein jusqu'à l'origine. Pour ce qui regardait son fils, il ajouta brutalement qu'il se retrouverait assez, puisque je ne l'avais pas assassiné.

« Conduisez-les au Petit-Châtelet, dit-il aux archers, et prenez garde que le chevalier ne vous échappe ; c'est un rusé qui s'est déjà sauvé de Saint-Lazare. »

Il sortit et me laissa dans l'état que vous pouvez vous imaginer.

« O Ciel ! m'écriai-je, je recevrai avec soumission tous les coups qui viennent de ta main, mais qu'un malheureux coquin ait le pouvoir de me traiter avec cette tyrannie, c'est ce qui me réduit au dernier désespoir ! »

Les archers nous prièrent de ne pas les faire attendre plus longtemps. Ils avaient un carrosse à la porte.

Je tendis la main à Manon pour descendre.

« Venez, ma chère reine, lui dis-je, venez vous soumettre à toute la rigueur de notre sort. Il plaira peut-être au Ciel de nous rendre quelque jour plus heureux ! »

Nous partîmes dans le même carrosse. Elle se mit dans mes bras. Je ne lui avais pas entendu prononcer un mot depuis le premier moment de l'arrivée de G*** M*** ; mais, se trouvant seule avec moi, elle me dit mille tendresses, en se reprochant d'être la cause de mon malheur.

Je l'assurai que je ne me plaindrais jamais de mon sort tant qu'elle ne cesserait pas de m'aimer.

« Ce n'est pas moi qui suis à plaindre, continuai-je ; quelques mois de prison ne m'effraient nullement, et je préférerai toujours le Châtelet à Saint-Lazare. Mais c'est pour toi, ma chère âme, que mon cœur s'intéresse. Quel sort pour une créature si charmante ! Ciel ! comment traitez-vous avec tant de rigueur le plus parfait de vos ouvrages ? Pourquoi ne sommes-nous pas nés l'un et l'autre avec des qualités conformes à notre misère ? Nous avons reçu de l'esprit, du goût, des sentiments ; hélas ! quel triste usage en faisons-nous, tandis que tant d'âmes basses et dignes de notre sort, jouissent de toutes les faveurs de la fortune ! »

Ces réflexions me pénétraient de douleur. Mais ce n'était rien en comparaison de celles qui regardaient l'avenir ; car je séchais de crainte pour Manon. Elle avait déjà été à l'Hôpital, et, quoi qu'elle en fût sortie par la bonne porte, je savais que les rechutes en ce genre étaient d'une conséquence extrêmement dangereuse. J'aurais voulu lui exprimer mes frayeurs ; j'appréhendais de lui en causer trop. Je tremblais pour elle, sans oser l'avertir du danger, et je l'embrassais en soupirant, pour l'assurer du moins de mon amour, qui était presque le seul sentiment que j'osasse exprimer.

« Manon, lui dis-je, parlez sincèrement, m'aimerez-vous toujours ? »

Elle me répondit qu'elle était bien malheureuse que j'en pusse douter.

« Eh bien ! repris-je, je n'en doute point, et je veux braver tous nos ennemis avec cette assurance. J'emploierai ma famille pour sortir du Châtelet, et tout mon sang ne sera utile à rien, si je ne vous en tire pas aussitôt que je serai libre. »

Nous arrivâmes à la prison. On nous mit chacun dans un lieu séparé. Ce coup me fut moins rude, parce que je l'avais prévu. Je recommandai Manon au concierge, en lui apprenant que j'étais un homme de quelque distinction, et lui promettant une récompense considérable. J'embrassai ma chère maîtresse avant de la quitter. Je la conjurai de ne pas s'affliger excessivement, et de ne rien craindre tant que je serais au monde. Je n'étais pas sans argent. Je lui en donnai une partie, et je payai au concierge, sur ce qui me restait, un mois de grosse pension d'avance, pour elle et pour moi.

Mon argent eut un fort bon effet. On me mit dans une chambre proprement meublée, et l'on m'assura que Manon en avait une pareille.

Je m'occupai aussitôt des moyens de hâter ma liberté. Il était clair qu'il n'y avait rien d'absolument criminel dans mon affaire ; et, supposant même que le dessein de notre vol fût prouvé par la déposition de Marcel, je savais fort bien qu'on ne punit point les simples volontés. Je résolus d'écrire promptement à mon père pour le prier de venir en personne à Paris. J'avais bien moins de honte, comme je l'ai déjà dit, d'être au Châtelet qu'à Saint-Lazare. D'ailleurs, quoique je conservasse tout le respect dû à l'autorité paternelle, l'âge et l'expérience avaient diminué beaucoup ma timidité. J'écrivis donc, et l'on ne fit pas de difficulté, au Châtelet, pour laisser sortir ma lettre. Mais c'était une peine que j'aurais pu m'épargner, si j'avais su que mon père devait arriver le lendemain à Paris.

Il avait reçu celle que je lui avais écrite huit jours auparavant. Il en avait ressenti une joie extrême; mais, de quelque espérance que je l'eusse flatté au sujet de ma conversion, il n'avait pas cru devoir s'arrêter tout à fait à mes promesses. Il avait pris le parti de venir s'assurer de mon changement par ses yeux, et de régler sa conduite sur la sincérité de mon repentir. Il arriva le lendemain de mon emprisonnement.

Sa première visite fut celle qu'il rendit à Tiberge, à qui je l'avais prié d'adresser sa réponse. Il ne put savoir de lui ni ma demeure ni ma condition présente. Il en apprit seulement mes principales aventures depuis que je m'étais échappé de Saint-Sulpice. Tiberge lui parla très avantageusement des dispositions que je lui avais marquées pour le bien dans notre dernière entrevue.

Il ajouta qu'il me croyait entièrement dégagé de Manon; mais qu'il était surpris néanmoins que je ne lui eusse pas donné de mes nouvelles depuis huit jours. Mon père n'était pas dupe. Il comprit qu'il y avait quelque chose qui échappait à la pénétration de Tiberge dans le silence dont il se plaignait, et il employa tant de soins pour découvrir mes traces, que deux jours après son arrivée il apprit que j'étais au Châtelet.

Avant que de recevoir sa visite, à laquelle j'étais fort éloigné de m'attendre si tôt, je reçus celle de M. le lieutenant général de Police, ou, pour expliquer les choses par leur nom, je subis l'interrogatoire. Il me fit quelques reproches; mais ils n'étaient ni durs ni désobligeants. Il me dit avec douceur qu'il plaignait ma mauvaise conduite; que j'avais manqué de sagesse en me faisant un ennemi tel que M. de G*** M***, qu'à la vérité il était aisé de remarquer qu'il y avait dans mon affaire plus d'imprudence et de légèreté que de malice; mais c'était néanmoins la seconde fois que je me trouvais sujet à son tribunal, et qu'il avait espéré que je fusse devenu plus sage après avoir pris deux ou trois mois de leçons à Saint-Lazare.

Charmé d'avoir affaire à un juge raisonnable, je m'expliquai avec lui d'une manière si respectueuse et si modérée, qu'il parut satisfait de mes réponses. Il me dit que je ne devais pas me livrer trop au chagrin, et qu'il se sentait disposé à me rendre service, en faveur de ma naissance et de ma jeunesse. Je me hasardai à lui recommander Manon, et à lui faire l'éloge de sa douceur et de son bon naturel. Il me répondit en riant qu'il ne l'avait point encore vue, mais qu'on la représentait comme une dangereuse personne. Ce mot excita tellement ma tendresse, que je lui dis mille choses passionnées pour la défense de ma pauvre maîtresse; et je ne pus m'empêcher même de répandre quelques larmes. Il ordonna qu'on me reconduisît à ma chambre.

« Amour! Amour! s'écria ce grave magistrat en me voyant sortir, ne te réconcilieras-tu jamais avec la sagesse? »

J'étais à m'entretenir tristement de mes idées et à réfléchir sur la conversation que j'avais eue avec M. le lieutenant général de Police, lorsque j'entendis ouvrir la porte de ma chambre : c'était mon père. Quoique je dusse être à demi préparé à cette vue, puisque je m'y attendais quelques jours plus tard, je ne laissai pas d'en être frappé si vivement, que je me serais précipité au fond de la terre si elle s'était entr'ouverte à ses pieds. J'allai l'embrasser avec toutes les marques d'une extrême confusion. Il s'assit, sans que ni lui ni moi eussions encore ouvert la bouche.

Comme je demeurais debout, les yeux baissés et la tête découverte :

« Asseyez-vous, Monsieur, me dit-il gravement, asseyez-vous. Grâce au scandale de votre libertinage et de vos friponneries, j'ai découvert le lieu de votre demeure. C'est l'avantage d'un mérite tel que le vôtre de ne pouvoir demeurer caché. Vous allez à la renommée par un chemin infaillible. J'espère que le terme en sera bientôt la Grève, et que vous aurez effectivement la gloire d'y être exposé à l'admiration de tout le monde. »

Je ne répondis rien. Il continua :

« Qu'un père est malheureux, lorsque, après avoir aimé tendrement un fils, et n'avoir rien épargné pour en faire un honnête homme, il n'y trouve à la fin qu'un fripon qui le déshonore! On se console d'un malheur de fortune : le temps l'efface, et le chagrin diminue; mais quel remède contre un mal qui augmente tous les jours, tel que les désordres d'un fils vicieux qui a perdu tout sentiment d'honneur? Tu ne dis rien, malheureux! ajouta-t-il. Voyez cette modestie contrefaite et cet air de douceur hypocrite : ne le prendrait-on pas pour le plus honnête homme de sa race? »

Quoique je fusse obligé de reconnaître que je méritais une partie de ces outrages, il me parut néanmoins que c'était les porter à l'excès. Je crus qu'il m'était permis d'expliquer naturellement ma pensée.

« Je vous assure, Monsieur, lui dis-je, que la modestie où vous me voyez devant vous n'est nullement affectée : c'est la situation naturelle d'un fils bien né qui respecte infiniment son père, et surtout un père irrité. Je ne prétends pas non plus passer pour l'homme le plus réglé de notre race. Je me connais digne de vos reproches; mais je vous conjure d'y mettre un peu plus de bonté, et de ne pas me traiter comme le plus infâme de tous les hommes. Je ne mérite pas des noms si durs. C'est l'amour, vous le savez, qui a causé toutes mes fautes. Fatale passion! Hélas! n'en connaissez-vous pas la force, et se peut-il que votre sang, qui est la source du mien, n'ait jamais ressenti les mêmes ardeurs? L'amour m'a rendu trop tendre, trop passionné, trop fidèle, et peut-être trop complaisant pour les désirs d'une maîtresse toute charmante : voilà mes crimes. En voyez-vous là quelqu'un qui vous déshonore? Allons, mon cher père, ajoutai-je tendrement, un peu de pitié pour un fils qui a toujours été plein de respect et d'affection pour vous; qui n'a pas renoncé, comme vous pensez, à l'honneur et au devoir, et qui est mille fois plus à plaindre que vous ne sauriez vous l'imaginer! »

Je laissai tomber quelques larmes en finissant ces paroles.

Un cœur de père est le chef-d'œuvre de la nature : elle y règne, pour ainsi parler, avec complaisance, et elle en règle elle-même tous les ressorts. Le mien, qui était avec cela homme d'esprit et de goût, fut si touché du tour que j'avais donné à mes excuses, qu'il ne fut pas le maître de me cacher ce changement.

« Viens, mon pauvre Chevalier, me dit-il; viens m'embrasser : tu me fais pitié! »

Je l'embrassai. Il me serra d'une manière qui me fit juger de ce qui se passait dans son cœur.

« Mais quel moyen prendrons-nous donc, reprit-il, pour te tirer d'ici? Explique-moi toutes tes affaires sans déguisement. »

Comme il n'y avait rien, après tout, dans le gros de ma conduite, qui pût me déshonorer absolument, du moins en la mesurant sur celle des jeunes gens d'un certain monde, et qu'une maîtresse ne passe point pour une infamie dans le siècle où nous sommes, non plus qu'un peu d'adresse à s'attirer la fortune du jeu, je fis sincèrement à mon père le détail de la vie que j'avais menée. A chaque faute dont je lui faisais l'aveu, j'avais soin de joindre des exemples célèbres pour en diminuer la honte.

« Je vis avec une maîtresse, lui disais-je, sans être lié par les cérémonies du mariage : M. le duc de*** en entretient deux aux yeux de tout Paris ; M. de*** en a une depuis dix ans, qu'il aime avec une fidélité qu'il n'a jamais eue pour sa femme. Les deux tiers des honnêtes gens de France se font honneur d'en avoir. J'ai usé de quelque supercherie au jeu : M. le marquis de*** et le comte de*** n'ont point d'autres revenus ; M. le prince de*** et M. le duc de*** sont les chefs d'une bande de chevaliers du même ordre. »

Pour ce qui regardait mes desseins sur la bourse des deux G*** M***, j'aurais pu prouver aussi facilement que je n'étais pas sans modèles ; mais il me restait trop d'honneur pour ne pas me condamner moi-même avec tous ceux dont j'aurais pu me proposer l'exemple, de sorte que je priai mon père de pardonner cette faiblesse aux deux violentes passions qui m'avaient agité : la vengeance et l'amour.

Il me demanda si je pouvais lui donner quelques ouvertures sur les plus courts moyens d'obtenir ma liberté, et d'une manière qui pût lui faire éviter l'éclat. Je lui appris les sentiments de bonté que le lieutenant général de Police avait pour moi.

« Si vous trouvez quelques difficultés, lui dis-je, elles ne peuvent venir que de la part des G*** M***: ainsi, je crois qu'il serait à propos que vous prissiez la peine de les voir. »

Il me le promit.

Je n'osai le prier de solliciter pour Manon. Ce ne fut point un défaut de hardiesse, mais un effet de la crainte où j'étais de le révolter par cette proposition, et de lui faire naître quelque dessein funeste à elle et à moi. Je suis encore à savoir si cette crainte n'a pas causé mes plus grandes infortunes. en m'empêchant de tenter les dispositions de mon père, et de faire des efforts pour lui en inspirer de favorables à ma malheureuse maîtresse. J'aurais peut-être excité encore une fois sa pitié. Je l'aurais mis en garde contre les impressions qu'il allait recevoir trop facilement du vieux G*** M***. Que sais-je? ma mauvaise destinée l'aurait peut-être emporté sur tous mes efforts; mais je n'aurais eu qu'elle, du moins, et la cruauté de mes ennemis, à accuser de mon malheur.

En me quittant, mon père alla faire une visite à M. de G*** M***. Il le trouva avec son fils, à qui le garde du corps avait honnêtement rendu la liberté. Je n'ai jamais su les particularités de leur conversation; mais il ne m'a été que trop facile d'en juger par ses mortels effets. Ils allèrent ensemble, je dis les deux pères, chez M. le lieutenant général de Police, auquel ils demandèrent deux grâces : l'une, de me faire sortir sur-le-champ du Châtelet; l'autre, d'enfermer Manon pour le reste de ses jours, ou de l'envoyer en Amérique. On commençait, dans le même temps, à embarquer quantité de gens sans aveu pour le Mississipi. M. le lieutenant général de Police leur donna sa parole de faire partir Manon par le premier vaisseau.

M. de G*** M*** et mon père vinrent aussitôt m'apporter ensemble la nouvelle de ma liberté. M. de G*** M*** me fit un compliment civil sur le passé, et, m'ayant félicité sur le bonheur que j'avais d'avoir un tel père, il m'exhorta à profiter désormais de ses leçons et de ses exemples. Mon père m'ordonna de lui faire des excuses de l'injure prétendue que j'avais faite à sa famille, et de le remercier de s'être employé avec lui pour mon élargissement.

Nous sortîmes ensemble sans avoir dit un mot de ma maîtresse. Je n'osai même parler d'elle aux guichetiers en leur présence. Hélas! mes tristes recommandations eussent

été bien inutiles! L'ordre cruel était venu en même temps que celui de ma délivrance. Cette fille infortunée fut conduite une heure après à l'Hôpital, pour y être associée à quelques malheureuses qui étaient condamnées à subir le même sort.

Mon père m'ayant obligé de le suivre à la maison où il avait pris sa demeure, il était presque six heures du soir lorsque je trouvai le moment de me dérober de ses yeux pour retourner au Châtelet. Je n'avais dessein que de faire tenir quelques rafraîchissements à Manon et de la recommander au concierge, car je ne me promettais pas que la liberté de la voir me fût accordée. Je n'avais point encore eu le temps non plus de réfléchir aux moyens de la délivrer.

Je demandai à parler au concierge. Il avait été content de ma libéralité et de ma douceur, de sorte qu'ayant quelque disposition à me rendre service, il me parla du sort de Manon comme d'un malheur dont il avait beaucoup de regret, parce qu'il pouvait m'affliger. Je ne compris point ce langage. Nous nous entretînmes quelques moments sans nous entendre. A la fin, s'apercevant que j'avais besoin d'une explication, il me la donna telle que j'ai déjà eu horreur de vous la dire et que j'en ai encore de la répéter.

Jamais apoplexie violente ne causa d'effet plus subit et plus terrible. Je tombai avec une palpitation de cœur si douloureuse, qu'à l'instant que je perdis la connaissance, je me crus délivré de la vie pour toujours. Il me resta même quelque chose de cette pensée lorsque je revins à moi : je tournai mes regards vers toutes les parties de la chambre et sur moi-même, pour m'assurer si je portais encore la malheureuse qualité d'homme vivant. Il est certain qu'en ne suivant que le mouvement naturel qui fait chercher à se délivrer de ses peines, rien ne pouvait paraître plus doux que la mort, dans ce moment de désespoir et de consternation. La religion même ne pouvait me faire envisager rien de plus insupportable après la vie que les convulsions dont j'étais tourmenté. Cependant, par un miracle propre à l'amour, je retrouvai bientôt assez de force pour remercier le Ciel de m'avoir rendu la connaissance et la raison. Ma mort n'eût été utile qu'à moi; Manon avait besoin de ma vie pour la venger. Je jurai de m'y employer sans ménagement.

Le concierge me donna toute l'assistance que j'eusse pu attendre du meilleur de mes amis. Je reçus ses services avec une vive reconnaissance.

« Hélas! lui dis-je, vous êtes donc touché

de mes peines! Tout le monde m'abandonne. Mon père même est sans doute un de mes plus cruels persécuteurs. Personne n'a pitié de moi. Vous seul, dans le séjour de la dureté et de la barbarie, vous marquez de la compassion pour le plus misérable de tous les hommes. »

Il me conseillait de ne point paraître dans la rue sans être un peu remis du trouble où j'étais.

« Laissez, laissez, répondis-je en sortant; je vous reverrai plus tôt que vous ne pensez. Préparez-moi le plus noir de vos cachots; je vais travailler à le mériter. »

En effet, mes premières résolutions n'allaient à rien moins qu'à me défaire des deux G*** M*** et du lieutenant général de Police, et fondre ensuite à main armée sur l'Hôpital avec tous ceux que je pourrais engager dans ma querelle. Mon père lui-même eut à peine été respecté dans une vengeance qui me paraissait si juste, car le concierge ne m'avait pas caché que lui et G*** M*** étaient les auteurs de ma perte.

Mais lorsque j'eus fait quelques pas dans les rues, et que l'air eut un peu rafraîchi mon sang et mes humeurs, ma fureur fit place peu à peu à des sentiments plus raisonnables. La mort de nos ennemis eût été d'une faible utilité pour Manon, et elle m'eût exposé sans doute à me voir ôter tous les moyens de la secourir. D'ailleurs, aurais-je eu recours à un lâche assassinat ? Quelle autre voie pouvais-je m'ouvrir à la vengeance ? Je recueillis toutes mes forces et tous mes esprits pour travailler d'abord à la délivrance de Manon, remettant tout le reste après le succès de cette importante entreprise.

Il me restait peu d'argent. C'était néanmoins un fondement nécessaire, par lequel il fallait commencer. Je ne voyais que trois personnes de qui j'en pusse attendre : M. de T***, mon père et Tiberge. Il y avait peu d'apparence d'obtenir quelque chose des deux derniers, et j'avais honte de fatiguer l'autre par mes importunités. Mais ce n'est point dans le désespoir qu'on garde des ménagements. J'allai sur-le-champ au séminaire de Saint-Sulpice, sans m'embarrasser si j'y serais reconnu. Je fis appeler Tiberge. Ses premières paroles me firent comprendre qu'il ignorait encore mes dernières aventures. Cette idée me fit changer le dessein que j'avais de l'attendrir par la compassion. Je lui parlai, en général, du plaisir que j'avais eu de revoir mon père, et je le priai ensuite de me prêter quelque argent, sous prétexte de payer avant mon départ de Paris quelques dettes que je souhaitais de tenir inconnues. Il me présenta aussitôt sa bourse. Je pris cinq cents francs sur six cents que j'y trouvai. Je lui offris mon billet : il était trop généreux pour l'accepter.

Je tournai de là chez M. de T*** Je n'eus point de réserve avec lui. Je lui fis l'exposition de mes malheurs et de mes peines ; il en savait déjà jusqu'aux moindres circonstances par le soin qu'il avait eu de suivre l'aventure du jeune G*** M***. Il m'écouta néanmoins, et il me plaignit beaucoup. Lorsque je lui demandai ses conseils sur les moyens de délivrer Manon, il me répondit tristement qu'il y voyait si peu de jour, qu'à moins d'un coup extraordinaire du Ciel, il fallait renoncer à l'espérance ; qu'il avait passé exprès à l'Hôpital depuis qu'elle y était renfermée ; qu'il n'avait pu obtenir lui-même la liberté de la voir ; que les ordres du lieutenant général de Police étaient de la dernière rigueur, et que, pour comble d'infortune, la malheureuse bande où elle devait entrer était destinée à partir le surlendemain du jour où nous étions.

J'étais si consterné de son discours, qu'il eût pu parler une heure sans que j'eusse pensé à l'interrompre. Il continua de me dire qu'il ne m'était point allé voir au Châtelet pour se donner plus de facilité à me servir lorsqu'on le croirait sans liaison avec moi; que, depuis quelques heures que j'en étais sorti, il avait eu le chagrin d'ignorer où je m'étais retiré, et qu'il avait souhaité de me voir promptement, pour me donner le seul conseil dont il semblait que je pusse espérer du changement dans le sort de Manon; mais un conseil dangereux, auquel il me priait de cacher éternellement qu'il eût part : c'était de choisir quelques braves qui eussent le courage d'attaquer les gardes de Manon, lorsqu'ils seraient sortis de Paris avec elle. Il n'attendit point que je lui parlasse de mon indigence : « Voilà cent pistoles, me dit-il en me présentant une bourse, qui pourront vous être de quelque usage. Vous me les remettrez lorsque la fortune aura rétabli vos affaires. » Il ajouta que, si le soin de sa réputation lui eût permis d'entreprendre lui même la délivrance de ma maîtresse, il m'eût offert son bras et son épée.

Cette excessive générosité me toucha jusqu'aux larmes. J'employai, pour lui marquer ma reconnaissance, toute la vivacité que mon affliction me laissait encore. Je lui demandai s'il n'y avait rien à espérer par la voie des intercessions auprès du lieutenant général de Police. Il me dit qu'il y avait pensé, mais qu'il croyait cette ressource inutile, parce qu'une grâce de cette nature ne pouvait se demander sans motif, et qu'il ne voyait pas bien quel motif on pouvait employer pour se faire un intercesseur d'une personne grave et puissante; que si l'on pouvait se flatter de quelque chose de ce côté là, ce ne pouvait être qu'en faisant changer de sentiment à M. de G*** M*** et à mon père, et en les engageant à prier eux-mêmes M. le lieutenant général de Police de révoquer sa sentence. Il m'offrit de faire tous les efforts pour gagner le jeune G*** M***, quoiqu'il le crût un peu refroidi à son égard, par quelques soupçons qu'il avait conçus de lui à l'occasion de notre affaire, et il m'exhorta à ne rien omettre, de mon côté, pour fléchir l'esprit de mon père.

Ce n'était pas une légère entreprise pour moi; je ne dis pas seulement par la difficulté que je devais naturellement trouver à le vaincre, mais par une autre raison qui me faisait même redouter ses approches : je m'étais dérobé de son logement contre ses ordres, et j'étais fort résolu de n'y pas retourner, depuis que j'avais appris la triste destinée de Manon. J'appréhendais avec sujet qu'il ne me fît retenir malgré moi, et qu'il ne me reconduisît de même en province. Mon frère aîné avait usé autrefois de cette méthode. Il est vrai que j'étais devenu plus âgé; mais l'âge était une faible raison contre la force. Cependant je trouvais une voie qui me sauvait du danger : c'était de le faire appeler dans un endroit public, et de m'annoncer à lui sous un autre nom. Je pris aussitôt ce parti. M. de T*** s'en alla chez G*** M***, et moi au Luxembourg, d'où j'envoyai avertir mon père qu'un gentilhomme de ses serviteurs était à l'attendre. Je craignais qu'il n'eût quelque peine à venir, parce que la nuit approchait. Il parut néanmoins peu après, suivi de son laquais. Je le priai de prendre une allée où nous puissions être seuls. Nous fîmes cent pas, pour le moins, sans parler. Il s'imaginait bien, sans doute, que tant de préparations ne s'étaient pas faites sans un dessein d'importance. Il attendait ma harangue, et je la méditais.

Enfin j'ouvris la bouche.

« Monsieur, lui dis-je en tremblant, vous êtes un bon père. Vous m'avez comblé de grâces, et vous m'avez pardonné un nombre infini de fautes. Aussi le Ciel m'est-il témoin que j'ai pour vous tous les sentiments du fils le plus tendre et le plus respectueux. Mais il me semble... que votre rigueur...

— Eh bien! ma rigueur? interrompit mon père, qui trouvait sans doute que je parlais lentement pour son impatience.

— Ah! Monsieur, repris-je, il me semble que votre rigueur est extrême dans le traitement que vous avez fait à la malheureuse Manon. Vous vous en êtes rapporté à M. de G*** M***. Sa haine vous l'a représentée sous les plus noires couleurs. Vous vous êtes formé d'elle une affreuse idée. Cependant c'est la plus douce et la plus aimable créature qui fût jamais. Que n'a-t-il plu au Ciel de vous inspirer l'envie de la voir un moment! Je ne suis pas plus sûr qu'elle est charmante que je le suis qu'elle vous l'aurait paru. Vous auriez pris parti pour elle; vous auriez détesté les noirs artifices de G*** M***; vous auriez eu compassion d'elle et de moi. Hélas! j'en suis sûr. Votre cœur n'est pas insensible : vous vous seriez laissé attendrir! »

Il m'interrompit encore, voyant que je parlais avec une ardeur qui ne m'aurait pas permis de finir si tôt. Il voulut savoir à quoi j'avais dessein d'en venir par un discours si passionné.

« A vous demander la vie, répondis-je, que je ne puis conserver un moment, si Manon part une fois pour l'Amérique!

— Non, non! me dit-il d'un ton sévère; j'aime mieux te voir sans vie que sans sagesse et sans honneur!

— N'allons donc pas plus loin! m'écriai-je en l'arrêtant par le bras; ôtez-la moi, cette vie odieuse et insupportable; car, dans le désespoir où vous me jetez, la mort sera une faveur pour moi; un présent digne de la main d'un père.

— Je ne te donnerais que ce que tu mérites, répliqua-t-il. Je connais bien des pères qui n'auraient pas attendu si longtemps pour être eux-mêmes tes bourreaux; mais c'est ma bonté excessive qui t'a perdu. »

Je me jetai à ses genoux.

« Ah! s'il vous en reste encore, lui dis-je en les embrassant, ne vous endurcissez pas contre mes pleurs. Songez que je suis votre fils... Hélas! souvenez-vous de ma mère. Vous l'aimiez si tendrement! Auriez-vous souffert qu'on l'eût arrachée de vos bras! Vous l'auriez défendue jusqu'à la mort. Les autres n'ont-ils pas un cœur comme vous? Peut-on être barbare après avoir éprouvé ce que c'est que la tendresse et la douleur?

— Ne me parle pas davantage de ta mère, reprit-il d'une voix irritée; ce souvenir échauffe mon indignation. Tes désordres la feraient mourir de douleur, si elle eût assez vécu pour les voir. Finissons cet entretien, ajouta-t-il; il m'importune, et ne me fera point changer de résolution. Je retourne au logis. Je t'ordonne de me suivre. »

Le ton sec et dur avec lequel il m'intima

cet ordre me fit trop comprendre que son cœur était inflexible. Je m'éloignai de quelques pas, dans la crainte qu'il ne lui prît envie de m'arrêter de ses propres mains.

« N'augmentez pas mon désespoir, lui dis-je, en me forçant de vous désobéir. Il est impossible que je vous suive. Il ne l'est pas moins que je vive, après la dureté avec laquelle vous me traitez. Ainsi je vous dis un éternel adieu. Ma mort, que vous apprendrez bientôt, ajoutai-je tristement, vous fera peut-être reprendre pour moi des sentiments de père. »

Comme je me tournais pour le quitter :

« Tu refuses donc de me suivre ? s'écria-t-il avec une vive colère. Va, cours à ta perte. Adieu, fils ingrat et rebelle !

— Adieu, lui dis-je dans mon transport ; adieu, père barbare et dénaturé ! »

Je sortis aussitôt du Luxembourg. Je marchai dans les rues comme un furieux, jusqu'à la maison de M. de T***. Je levais, en marchant, les yeux et les mains pour invoquer toutes les puissances célestes.

« O Ciel ! disais-je, serez-vous aussi impitoyable que les hommes ? Je n'ai plus de secours à attendre que de vous ! »

M. de T*** n'était point encore retourné chez lui ; mais il revint après que je l'y eus attendu quelques moments. Sa négociation n'avait pas réussi mieux que la mienne. Il me le dit d'un visage abattu. Le jeune G*** M***, quoique moins irrité que son père contre Manon et moi, n'avait pas voulu entreprendre de le solliciter en notre faveur. Il s'en était défendu, par la crainte qu'il avait lui-même de ce vieillard vindicatif qui s'était déjà fort emporté contre lui, en lui reprochant ses desseins de commerce avec Manon.

Il ne me restait donc que la voie de la violence, telle que M. de T*** m'en avait tracé le plan; j'y réduisis toutes mes espérances.

« Elles sont bien incertaines, lui dis-je; mais la plus solide et la plus consolante pour moi est celle de périr du moins dans l'entreprise. »

Je le quittai, en le priant de me secourir par ses vœux, et je ne pensai plus qu'à m'associer des camarades à qui je pusse communiquer une étincelle de mon courage et de ma résolution.

Le premier qui s'offrit à mon esprit fut le même garde du corps que j'avais employé pour arrêter G*** M***. J'avais dessein aussi d'aller passer la nuit dans sa chambre, n'ayant pas eu l'esprit assez libre pendant l'après-midi pour me procurer un logement.

Je le trouvai seul. Il eut de la joie de me

voir sorti du Châtelet. Il m'offrit affectueusement ses services. Je lui expliquai ceux qu'il pouvait me rendre. Il avait assez de bon sens pour en apercevoir toutes les difficultés, mais il fut assez généreux pour entreprendre de les surmonter.

Nous employâmes une partie de la nuit à raisonner sur mon dessein. Il me parla des trois soldats aux gardes dont il s'était servi dans la dernière occasion, comme de trois braves à l'épreuve. M. de T*** m'avait informé exactement du nombre des archers qui devaient conduire Manon : ils n'étaient que six. Cinq hommes hardis et résolus suffisaient pour donner l'épouvante à ces misérables, qui ne sont point capables de se défendre honorablement lorsqu'ils peuvent éviter le péril du combat par une lâcheté.

Comme je ne manquais point d'argent, le garde du corps me conseilla de ne rien épargner pour assurer le succès de notre attaque.

« Il nous faut des chevaux, me dit-il, avec des pistolets, et chacun notre mousqueton. Je me charge de prendre demain le soin de ces préparatifs. Il faudra aussi trois habits communs pour nos soldats, qui n'oseraient paraître dans une affaire de cette nature avec l'uniforme du régiment. »

Je lui mis entre les mains les cent pistoles

que j'avais reçues de M. de T***. Elles furent employées le lendemain jusqu'au dernier sou. Les trois soldats passèrent en revue devant moi. Je les animai par de grandes promesses, et, pour leur ôter toute défiance, je commençai par leur faire présent à chacun de dix pistoles.

Le jour de l'exécution étant venu, j'en envoyai un de grand matin à l'Hôpital, pour s'instruire par ses propres yeux du moment auquel les archers partiraient avec leur proie.

Quoique je n'eusse pris cette précaution que par un excès d'inquiétude et de prévoyance, il se trouva qu'elle avait été absolument nécessaire. J'avais compté sur quelques fausses informations qu'on m'avait données de leur route, et, m'étant persuadé que c'était à la Rochelle que cette déplorable troupe devait être embarquée, j'aurais perdu mes peines à l'attendre sur le chemin d'Orléans. Cependant je fus informé, par le rapport du soldat aux gardes, qu'elle prenait le chemin de la Normandie, et que c'était du Havre-de-Grâce qu'elle devait partir pour l'Amérique.

Nous nous rendîmes aussitôt à la porte Saint-Honoré, observant de marcher par des rues différentes. Nous nous réunîmes au bout du faubourg. Nos chevaux étaient frais. Nous ne tardâmes point à découvrir les six gardes et les deux misérables voitures que vous vîtes à Passy, il y a deux ans. Ce spectacle faillit m'ôter la force et la connaissance.

« O Fortune! m'écriai-je, Fortune cruelle! accorde-moi ici, du moins, la mort ou la victoire! »

Nous tînmes conseil un moment sur la manière dont nous ferions notre attaque. Les archers n'étaient guère plus de quatre cents pas devant nous, et nous pouvions les couper en passant au travers d'un petit champ autour duquel le grand chemin tournait. Le garde du corps fut d'avis de prendre cette voie, pour les surprendre en fondant tout d'un coup sur eux. J'approuvai sa pensée, et je fus le premier à piquer mon cheval. Mais la Fortune avait rejeté impitoyablement mes vœux.

Les archers, voyant cinq cavaliers accourir vers eux, ne doutèrent point que ce ne fût pour les attaquer. Ils se mirent en défense, en préparant leurs baïonnettes et leurs fusils d'un air assez résolu.

Cette vue, qui ne fit que nous animer, le garde du corps et moi, ôta tout d'un coup le courage à nos trois lâches compagnons. Ils s'arrêtèrent comme de concert, et, s'étant dit entre eux quelques mots que je n'entendis point, ils tournèrent la tête de leurs chevaux, pour reprendre le chemin de Paris à bride abattue.

« Dieux! me dit le garde du corps, qui paraissait aussi éperdu que moi de cette infâme désertion, qu'allons-nous faire? Nous ne sommes que deux. »

J'avais perdu la voix, de fureur et d'étonnement. Je m'arrêtai, incertain si ma première vengeance ne devait pas s'employer à la poursuite et au châtiment des lâches qui m'abandonnaient. Je les regardais fuir et je jetais les yeux de l'autre côté sur les archers. S'il m'eût été possible de me partager, j'aurais fondu tout à la fois sur les deux objets de ma rage; je les dévorais tous ensemble.

Le garde du corps, qui jugeait de mon incertitude par le mouvement égaré de mes yeux, me pria d'écouter son conseil.

« N'étant que deux, me dit-il, il y aurait de la folie à attaquer six hommes aussi bien armés que nous, et qui paraissent nous attendre de pied ferme. Il faut retourner à Paris, et tâcher de réussir mieux dans le choix de nos braves. Les archers ne sauraient faire de grandes journées avec deux pesantes voitures; nous les rejoindrons demain sans peine. »

Je fis un moment de réflexion sur ce parti;

mais, ne voyant de tous côtés que des sujets de désespoir, je pris une résolution véritablement désespérée: ce fut de remercier mon compagnon de ses services, et, loin d'attaquer les archers, je résolus d'aller avec soumission les prier de me recevoir dans leur troupe, pour accompagner Manon avec eux jusqu'au Havre-de-Grâce, et passer ensuite au delà des mers avec elle.

« Tout le monde me persécute ou me trahit, dis-je au garde du corps; je n'ai plus de fond à faire sur personne; je n'attends plus rien ni de la Fortune ni du secours des hommes. Mes malheurs sont au comble; il ne me reste plus que de m'y soumettre. Ainsi! je ferme les yeux sur toute espérance. Puisse le Ciel récompenser votre générosité! Adieu! Je vais aider mon mauvais sort à consommer ma ruine, en y courant moi-même volontairement. »

Il fit inutilement ses efforts pour m'engager à retourner à Paris. Je le priai de me laisser suivre mes résolutions, et de me quitter sur-le-champ, de peur que les archers ne continuassent de croire que notre dessein était de les attaquer.

J'allai seul vers eux d'un pas lent, et le visage si consterné, qu'ils ne durent rien trouver d'effrayant dans mes approches. Ils se tenaient néanmoins sur la défense.

« Rassurez-vous, Messieurs, leur dis-je en les abordant; je ne vous apporte point la guerre; je viens vous demander des grâces. »

Je les priai de continuer leur chemin sans défiance, et je leur appris en marchant les faveurs que j'attendais d'eux.

Ils consultèrent ensemble de quelle manière ils devaient recevoir cette ouverture. Le chef de la bande prit la parole pour les autres.

Il me répondit que les ordres qu'ils avaient de veiller sur leurs captives étaient d'une extrême rigueur; que je lui paraissais néanmoins si joli homme, que lui et ses compagnons se relâcheraient un peu de leur devoir; mais que je devais comprendre qu'il fallait qu'il m'en coûtât quelque chose; je leur dis naturellement en quoi consistait le fond de ma bourse.

« Hé bien! me dit l'archer, nous en userons généreusement; il ne vous en coûtera qu'un écu par heure pour entretenir celle de nos filles qui vous plaira le plus: c'est le prix courant de Paris. »

Je ne leur avais pas parlé de Manon en particulier, parce que je n'avais pas dessein qu'ils connussent ma passion. Ils s'imaginèrent d'abord que ce n'était qu'une fantaisie de jeune homme qui me faisait chercher un peu de passe-temps avec ces créatures; mais lorsqu'ils crurent s'être aperçus que j'étais amoureux, ils augmentèrent tellement le tribut que ma bourse se trouva épuisée en partant de Mantes, où nous avions couché le jour que nous arrivâmes à Passy.

Vous dirai-je quel fut le déplorable sujet de mes entretiens avec Manon pendant cette route, ou quelle impression sa vue fit sur moi lorsque j'eus obtenu des gardes la liberté d'approcher de son chariot? Ah! les expressions ne rendent jamais qu'à demi les sentiments du cœur. Mais figurez-vous ma pauvre maîtresse enchaînée par le milieu du corps, assise sur quelques poignées de paille, la tête appuyée languissamment sur un côté de la voiture, le visage pâle et mouillé d'un ruisseau de larmes, qui se faisaient un passage au travers de ses paupières quoiqu'elle eût continuellement les yeux fermés! Elle n'avait pas même eu la curiosité de les ouvrir lorsqu'elle avait entendu le bruit de ses gardes qui craignaient d'être attaqués. Son linge était sale et dérangé; ses mains délicates exposées à l'injure de l'air; enfin, tout ce composé charmant, cette figure capable de ramener l'univers à l'idolâtrie, paraissait dans un désordre et un abattement inexprimables.

J'employai quelques temps à la considérer en allant à cheval à côté du chariot. J'étais si peu à moi-même, que je fus sur le point de tomber dangereusement. Mes soupirs, mes exclamations fréquentes, m'attirèrent d'elle quelques regards. Elle me reconnut, et je remarquai que, dans le premier mouvement, elle tenta de se précipiter hors de la voiture pour venir à moi; mais, étant retenue par sa chaîne, elle retomba dans sa première attitude.

Je priai les archers d'arrêter un moment par compassion; ils y consentirent par avarice. Je quittai mon cheval pour m'asseoir auprès d'elle. Elle était si languissante et si affaiblie, qu'elle fut longtemps sans pouvoir se servir de sa langue ni remuer ses mains. Je les mouillais pendant ce temps-là de mes pleurs, et, ne pouvant proférer moi-même une seule parole, nous étions l'un et l'autre dans une des plus tristes situations dont il y ait jamais eu d'exemple. Nos expressions ne le furent pas moins lorsque nous eûmes retrouvé la liberté de parler. Manon parla peu; il semblait que la honte et la douleur eussent altéré les organes de sa voix; le son en était faible et tremblant.

Elle me remercia de ne l'avoir pas oubliée, et de la satisfaction que je lui accordais, dit-elle en soupirant, de me voir du moins encore une fois, et de me dire le dernier adieu. Mais lorsque je l'eus assurée que rien n'était capable de me séparer d'elle, et que j'étais disposé à la suivre jusqu'à l'extrémité du monde pour prendre soin d'elle, pour la servir, pour l'aimer et pour attacher inséparablement ma misérable destinée à la sienne, cette pauvre fille se livra à des sentiments si tendres et si douloureux, que j'appréhendai quelque chose pour sa vie d'une si violente émotion. Tous les mouvements de son âme semblaient se réunir dans ses yeux. Elle les tenait fixés sur moi.

Quelquefois elle ouvrait la bouche sans avoir la force d'achever quelques mots qu'elle commençait. Il lui en échappait néanmoins quelques-uns. C'étaient des marques d'admiration sur mon amour, de tendres plaintes de son excès, des doutes qu'elle pût être assez heureuse pour m'avoir inspiré une passion si parfaite, des instances pour me faire renoncer au dessein de la suivre, et chercher ailleurs un bonheur digne de moi, qu'elle me disait que je ne pouvais espérer avec elle.

En dépit du plus cruel de tous les sorts, je trouvais ma félicité dans ses regards, et dans la certitude que j'avais de son affection. J'avais perdu, à la vérité, tout ce que le reste des hommes estime; mais j'étais maître du cœur de Manon, le seul bien que j'estimais. Vivre en Europe, vivre en Amérique, que m'importait-il en quel endroit, si j'étais sûr d'y être heureux en y vivant avec ma maîtresse? Tout l'univers n'est-il pas la patrie de deux amants fidèles? Ne trouvent-ils pas l'un dans l'autre, père, mère, parents, amis, richesses et félicité?

Si quelque chose me causait de l'inquiétude, c'était la crainte de voir Manon exposée aux besoins de l'indigence. Je me supposais déjà avec elle dans une région inculte et habitée par des sauvages.

« Je suis bien sûr, disais-je, qu'il ne saurait y en avoir d'aussi cruels que G*** M*** et mon père. Ils nous laisseront du moins vivre en paix. Si les relations qu'on en fait sont fidèles, ils suivent les lois de la nature; ils ne connaissent ni les fureurs de l'avarice qui possèdent G*** M***, ni les idées fantastiques de l'honneur, qui m'ont fait un ennemi de mon père; ils ne troubleront point deux amants qu'ils verront vivre avec autant de simplicité qu'eux. »

J'étais donc tranquille de ce côté-là.

Mais je ne me formais point des idées romanesques par rapport aux besoins communs de la vie. J'avais éprouvé trop souvent qu'il y a des nécessités insupportables, surtout pour une fille délicate, qui est accoutumée à une vie commode et abondante. J'étais au désespoir d'avoir épuisé inutilement ma bourse, et que le peu d'argent qui me restait fût encore sur le point de m'être ravi par la friponnerie des archers. Je concevais qu'avec une petite somme j'aurais pu espérer non seulement de me soutenir quelque temps contre la misère en Amérique, où l'argent était rare, mais d'y former même quelque entreprise pour un établissement durable.

Cette considération me fit naître la pensée d'écrire à Tiberge, que j'avais toujours trouvé si prompt à m'offrir les secours de l'amitié. J'écrivis dès la première ville où nous passâmes. Je ne lui apportai point d'autre motif que le pressant besoin dans lequel je prévoyais que je me trouverais au Havre-de-Grâce où je lui confessais que j'étais allé conduire Manon. Je lui demandais cent pistoles.

« Faites-les moi tenir au Havre, lui disais-je, par le maître de la poste. Vous voyez bien que c'est la dernière fois que j'importune votre affection, et que, ma malheureuse maîtresse m'étant enlevée pour toujours, je ne puis la laisser partir sans quelques soulagements qui adoucissent son sort et mes mortels regrets. »

Les archers devinrent si intraitables lorsqu'ils eurent découvert la violence de ma passion, que, redoublant continuellement le prix de leurs moindres faveurs, ils me réduisirent à la dernière indigence. L'amour, d'ailleurs, ne me permettait guère de ménager ma bourse. Je m'oubliais du matin au soir près de Manon, et ce n'était plus par heure que le temps m'était mesuré, c'était par la longueur entière des jours.

Enfin ma bourse étant tout à fait vide, je me trouvai exposé aux caprices et à la brutalité de six misérables qui me traitèrent avec une hauteur insupportable. Vous en fûtes témoin à Passy. Votre rencontre fut un heureux moment de relâche qui me fut accordé par la Fortune. Votre pitié à la vue de mes peines fut ma seule recommandation auprès de votre cœur généreux. Le secours que vous m'accordâtes libéralement servit à me faire gagner le Havre, et les archers tinrent leur promesse avec plus de fidélité que je ne l'espérais.

Nous arrivâmes au Havre. J'allai d'abord à la poste. Tiberge n'avait point encore eu le temps de me répondre. Je m'informai exactement quel jour je pouvais attendre sa lettre. Elle ne pouvait arriver que deux jours après, et, par une étrange disposition de mon mauvais sort, il se trouva que notre vaisseau devait partir le matin de celui auquel j'attendais l'ordinaire. Je ne puis vous représenter mon désespoir.

« Quoi! m'écriai-je, dans le malheur même, il faudra toujours que je sois distingué par des excès! »

Manon répondit :

« Hélas! une vie si malheureuse mérite-t-elle le soin que nous en prenons? Mourons au Havre, mon cher Chevalier. Que la mort finisse tout d'un coup nos misères! Irons-nous les traîner dans un pays inconnu, où nous devons nous attendre, sans doute, à d'horribles extrémités, puisqu'on a voulu m'en faire un supplice? Mourons, me répéta-t-elle, ou du moins donne-moi la mort, et va chercher un autre sort dans les bras d'une amante plus heureuse.

— Non, non, lui dis-je; c'est pour moi un sort digne d'envie d'être malheureux avec vous! »

Son discours me fit trembler. Je jugeai qu'elle était accablée de ses maux. Je m'efforçai de prendre un air tranquille, pour lui ôter ces funestes pensées de mort et de désespoir. Je résolus de tenir la même conduite à l'avenir; et j'ai éprouvé, dans la suite, que rien n'est plus capable d'inspirer du courage à une femme que l'intrépidité d'un homme qu'elle aime.

Lorsque j'eus perdu l'espérance de recevoir du secours de Tiberge, je vendis mon cheval. L'argent que j'en tirai, joint à ce qui me restait encore de vos libéralités, me composa la petite somme de dix-sept pistoles. J'en employai sept à l'achat de quelques soulagements nécessaires à Manon, et je serrai les dix autres avec soin, comme le fondement de notre fortune et de nos espérances en Amérique.

Je n'eus pas de peine à me faire recevoir dans le vaisseau. On cherchait alors des jeunes gens qui fussent disposés à se joindre volontairement à la colonie. Le passage et la nourriture me furent accordés gratis. La poste de Paris devant partir le lendemain, j'y laissai une lettre pour Tiberge. Elle était touchante, et capable de l'attendrir sans doute au dernier point, puisqu'elle lui fit prendre une résolution qui ne pouvait venir que d'un fonds infini de tendresse et de générosité pour un ami malheureux.

Nous mîmes à la voile. Le vent ne cessa point de nous être favorable. J'obtins du capitaine un lieu à part pour Manon et pour moi. Il eut la bonté de nous regarder d'un autre œil que le commun de nos misérables associés. Je l'avais pris en particulier dès le premier jour, et, pour m'attirer de lui quelque considération, je lui avais découvert une partie de mes infortunes. Je ne crus pas me rendre coupable d'un mensonge honteux en lui disant que j'étais marié à

Manon. Il feignit de le croire, et il m'accorda sa protection. Nous en reçûmes des marques pendant toute la navigation. Il eut soin de nous faire nourrir honnêtement, et les égards qu'il eut pour nous servirent à nous faire respecter des compagnons de notre misère. J'avais une attention continuelle à ne pas laisser souffrir la moindre incommodité à Manon. Elle le remarquait bien, et cette vue, jointe au vif sentiment de l'étrange extrémité où je m'étais réduit pour elle, la rendait si tendre et si passionnée, si attentive aussi à mes plus légers besoins, que c'était entre elle et moi une perpétuelle émulation de services et d'amour. Je ne regrettais point l'Europe; au contraire, plus nous avancions vers l'Amérique, plus je sentais mon cœur s'élargir et devenir tranquille. Si j'eusse pu m'assurer de n'y pas manquer des nécessités absolues de la vie, j'aurais remercié la Fortune d'avoir donné un tour si favorable à nos malheurs.

Après une navigation de deux mois, nous abordâmes enfin au rivage désiré. Le pays ne nous offrit rien d'agréable à la première vue. C'étaient des campagnes stériles et inhabitées, où l'on voyait à peine quelques roseaux et quelques arbres dépouillés par le vent. Nulle trace d'hommes ni d'animaux. Cependant, le capitaine ayant fait tirer quelques pièces de notre artillerie, nous ne fûmes pas longtemps sans apercevoir une troupe de citoyens de la Nouvelle-Orléans, qui s'approchèrent avec de vives marques de joie. Nous n'avions pas découvert la ville ; elle était cachée de ce côté-là par une petite colline. Nous fûmes reçus comme des gens descendus du ciel.

Ces pauvres habitants s'empressèrent pour nous faire mille questions sur l'état de la France et sur les différentes provinces où ils étaient nés. Ils nous embrassaient comme leurs frères, et comme de chers compagnons qui venaient partager leur misère et leur solitude. Nous prîmes le chemin de la ville avec eux ; mais nous fûmes surpris de découvrir, en avançant, que ce qu'on nous avait vanté jusqu'alors comme une bonne ville n'était qu'un assemblage de quelques pauvres cabanes. Elles étaient habitées par cinq ou six cents personnes. La maison du gouverneur nous parut un peu distinguée par sa hauteur et par sa situation. Elle est défendue par quelques ouvrages de terre, autour desquels règne un large fossé.

Nous fûmes d'abord présentés à lui. Il s'entretint longtemps en secret avec le capitaine, et, revenant ensuite à nous, il considéra, l'une après l'autre, toutes les filles qui étaient arrivées par le vaisseau. Elles étaient au nombre de trente, car nous en avions trouvé au Havre une autre bande qui s'était jointe à la nôtre.

Le gouverneur les ayant longtemps examinées, fit appeler divers jeunes gens de la ville qui languissaient dans l'attente d'une épouse. Il donna les plus jolies aux principaux, et le reste fut tiré au sort. Il n'avait pas encore parlé à Manon; mais, lorsqu'il eut ordonné aux autres de se retirer, il nous fit demeurer elle et moi.

« J'apprends du capitaine, nous dit-il, que vous êtes mariés, et qu'il vous a reconnus sur la route pour deux personnes d'esprit et de mérite. Je n'entre point dans les raisons qui ont causé votre malheur; mais, s'il est vrai que vous ayez autant de savoir-vivre que votre figure me le promet, je n'épargnerai rien pour adoucir votre sort, et vous contribuerez vous-mêmes à me faire trouver quelque agrément dans ce lieu sauvage et désert. »

Je lui répondis de la manière que je crus la plus propre à confirmer l'idée qu'il avait de nous. Il donna quelques ordres pour nous faire préparer un logement dans la ville, et nous retint à souper avec lui. Je lui trouvai beaucoup de politesse, pour un chef de malheureux bannis. Il ne nous fit point de questions en public sur le fond de nos aventures. La conversation fut générale, et, malgré notre tristesse, nous nous efforçames, Manon et moi, de contribuer à la rendre agréable.

Le soir, il nous fit conduire au logement qu'on nous avait préparé. Nous trouvâmes une misérable cabane, composée de planches et de boue, qui consistait en deux ou trois chambres de plain-pied, avec un grenier au-dessus. Il y avait fait mettre cinq ou six chaises et quelques commodités nécessaires à la vie.

Manon parut effrayée à la vue d'une si triste demeure. C'était pour moi qu'elle s'affligeait, beaucoup plus que pour elle-même. Elle s'assit lorsque nous fûmes seuls, et elle se mit à pleurer amèrement. J'entrepris d'abord de la consoler; mais lorsqu'elle m'eut fait entendre que c'était moi seul qu'elle plaignait, et qu'elle ne considérait dans nos malheurs communs que ce que j'avais à souffrir, j'affectai de montrer assez de courage et même assez de joie pour lui en inspirer.

« De quoi me plaindrais-je? lui dis-je; je possède tout ce que je désire. Vous m'aimez, n'est-ce pas? Quel autre bonheur me suis-je jamais proposé? Laissons au Ciel le soin de notre fortune. Je ne la trouve pas si désespérée. Le gouverneur est un homme civil;

il nous a marqué de la considération; il ne permettra pas que nous manquions du nécessaire. Pour ce qui regarde la pauvreté de notre cabane et la grossièreté de nos meubles, vous avez pu remarquer qu'il y a eu peu de personnes ici qui paraissent mieux logées et mieux meublées que nous; et puis tu es une chimiste admirable, ajoutai-je en l'embrassant; tu transformes tout en or!

— Vous serez donc la plus riche personne de l'univers, me répondit-elle; car s'il n'y eut jamais d'amour tel que le vôtre, il est impossible aussi d'être aimé plus tendrement que vous l'êtes. Je me rends justice, continua-t-elle. Je sens bien que je n'ai jamais mérité ce prodigieux attachement que vous avez pour moi.

« Je vous ai causé des chagrins que vous n'avez pu me pardonner sans une bonté extrême. J'ai été légère et volage, et même, en vous aimant éperdûment comme je l'ai toujours fait, je n'étais qu'une ingrate. Mais vous ne sauriez croire combien je suis changée. Mes larmes que vous avez vues couler si souvent depuis notre départ de France, n'ont pas eu une seule fois mes malheurs pour objet. J'ai cessé de les sentir aussitôt que vous avez commencé à les partager. Je n'ai pleuré que de tendresse et de compassion pour vous. Je ne me console point d'avoir pu vous chagriner un moment dans ma vie. Je ne cesse point de me reprocher mes inconstances, et de m'attendrir en admirant de quoi l'amour vous a rendu capable pour une malheureuse qui n'en était pas digne, et qui ne paierait pas bien de tout son sang, ajouta-t-elle avec une abondance de larmes, la moitié des peines qu'elles vous a causées! »

Ses pleurs, son discours et le ton dont elle le prononça firent sur moi une impression si étonnante, que je crus sentir une espèce de division dans mon âme.

« Prends garde, lui dis-je, prends garde, ma chère Manon! Je n'ai point assez de force pour supporter des marques si vives de ton affection; je ne suis point accoutumé à des excès de joie. O Dieu! m'écriai-je, je ne vous demande plus rien : je suis assuré du cœur de Manon; il est tel que je l'ai souhaité pour être heureux; je ne puis plus cesser de l'être à présent; voilà ma félicité bien établie!

— Elle l'est, reprit-elle, si vous la faites dépendre de moi; et je sais bien où je puis compter aussi de trouver toujours la mienne. »

Je me couchai avec ces charmantes idées, qui changèrent ma cabane en un palais digne du premier roi du monde. L'Amérique me parut un lieu de délices après cela.

« C'est à la Nouvelle-Orléans qu'il faut venir, disais-je souvent à Manon, quand on veut goûter les vraies douceurs de l'amour. C'est ici que l'on s'aime sans intérêt, sans inconstance. Nos compatriotes y viennent chercher de l'or; ils ne s'imaginent pas que nous y avons trouvé des trésors bien plus estimables. »

Nous cultivâmes soigneusement l'amitié du gouverneur. Il eut la bonté, quelques semaines après notre arrivée, de me donner un petit emploi qui vint à vaquer dans le fort. Quoiqu'il ne fût pas bien distingué, je l'acceptai comme une faveur du Ciel. Il me mettait en état de vivre sans être à charge à personne. Je pris un valet pour moi, et une servante pour Manon. Notre petite fortune s'arrangea. J'étais réglé dans ma conduite; Manon ne l'était pas moins. Nous ne laissions point échapper l'occasion de rendre service et de faire du bien à nos voisins.

Cette disposition officieuse et la douceur de nos manières nous attirèrent la confiance et l'affection de toute la colonie. Nous fûmes en peu de temps si considérés, que nous passions pour les premières personnes de la ville après le gouverneur.

L'innocence de nos occupations et la tranquillité où nous étions continuellement servirent à nous rappeler insensiblement à des idées de religion. Manon n'avait jamais été une fille impie. Je n'étais pas non plus de ces libertins outrés qui font gloire d'ajouter l'irréligion à la dépravation des mœurs. L'amour, la jeunesse, avaient causé tous nos désordres. L'expérience commençait à nous tenir lieu d'âge : elle fit sur nous le même effet que les années. Nos conversations qui étaient toujours réfléchies, nous mirent insensiblement dans le goût d'un amour vertueux. Je fus le premier qui proposai ce changement à Manon. Je connaissais les principes de son cœur. Elle était droite et naturelle dans tous ses sentiments, qualité qui dispose toujours à la vertu. Je lui fis comprendre qu'il manquait une chose à notre bonheur :

« C'est de le faire approuver du Ciel. Nous avons l'âme trop belle et le cœur trop bien fait l'un et l'autre pour vivre volontairement dans l'oubli du devoir. Passe d'y avoir vécu en France, où il nous était également impossible de cesser de nous aimer et de nous satisfaire par une voie légitime ! Mais en Amérique, où nous ne dépendons que de nous-mêmes, où nous n'avons plus à ménager les lois arbitraires du rang et de la bienséance, où l'on nous croit même mariés, qui empêche que nous le soyons bientôt effectivement, et que nous n'ennoblissions notre amour par des serments que la religion autorise? Pour moi, ajoutai-je, je ne vous offre rien de nouveau en vous offrant mon cœur et ma main; mais je suis prêt à vous en renouveler le don au pied d'un autel. »

Il me parut que ce discours la pénétrait de joie.

« Croiriez-vous, me répondit-elle, que j'y ai pensé mille fois, depuis que nous sommes en Amérique? La crainte de vous déplaire m'a fait renfermer ce désir dans mon cœur. Je n'ai point la présomption d'aspirer à la qualité de votre épouse.

— Ah! Manon, répliquai-je, tu serais bientôt celle d'un roi, si le Ciel m'avait fait naître avec une couronne! Ne balançons plus. Nous n'avons nul obstacle à redouter. J'en veux parler dès aujourd'hui au gouverneur, et lui avouer que nous l'avons trompé jusqu'à ce jour. Laissons craindre aux amants vulgaires, ajoutai-je, les chaînes indissolubles du mariage. Ils ne les craindraient pas s'ils étaient sûrs, comme nous, de porter toujours celles de l'Amour. »

Je laissai Manon au comble de la joie après cette résolution.

Je suis persuadé qu'il n'y a point d'honnête homme au monde qui n'eût approuvé mes vues dans les circonstances où j'étais, c'est-à-dire asservi fatalement à une passion que je ne pouvais vaincre, et combattu par des remords que je ne devais point étouffer. Mais se trouvera-t-il quelqu'un qui accuse mes plaintes d'injustice, si je gémis de la rigueur du Ciel à rejeter un dessein que je n'avais formé que pour lui plaire? Hélas! que dis-je? à le rejeter! il l'a puni comme un crime. Il m'avait souffert avec patience tandis que je marchais aveuglément dans la route du vice, et ses plus rudes châtiments m'étaient réservés lorsque je commencerais à retourner à la vertu. Je crains de manquer de force pour achever le récit du plus funeste événement qui fût jamais.

J'allais chez le gouverneur, comme j'en étais convenu avec Manon, pour le prier de consentir à la cérémonie de notre mariage. Je me serais bien gardé d'en parler à lui ni à personne si j'eusse pu me promettre que son aumônier, qui était alors le seul prêtre de la ville, m'eût rendu ce service sans sa participation; mais, n'osant espérer qu'il voulût s'engager au silence, j'avais pris le parti d'agir ouvertement.

Le gouverneur avait un neveu, nommé Synnelet, qui lui était extrêmement cher. C'était un homme de trente ans, brave, mais emporté et violent. Il n'était point marié.

La beauté de Manon l'avait touché dès le jour de notre arrivée, et les occasions sans nombre qu'il avait eues de la voir pendant neuf ou dix mois avaient tellement enflammé sa passion, qu'il se consumait en secret pour elle. Cependant, comme il était persuadé, avec son oncle et toute la ville, que j'étais réellement marié, il s'était rendu maître de son amour jusqu'au point de n'en laisser rien éclater, et son zèle s'était même déclaré pour moi dans plusieurs occasions de me rendre service.

Je le trouvai avec son oncle lorsque j'arrivai au fort. Je n'avais nulle raison qui m'obligeât de lui faire un secret de mon dessein, de sorte que je ne fis point de difficulté de m'expliquer en sa présence. Le gouverneur m'écouta avec sa bonté ordinaire. Je lui racontai une partie de mon histoire qu'il entendit avec plaisir, et, lorsque je le priai d'assister à la cérémonie que je méditais, il eut la générosité de s'engager à faire toute la dépense de la fête. Je me retirai fort content.

Une heure après, je vis entrer l'aumônier chez moi. Je m'imaginais qu'il venait me donner quelques instructions sur mon mariage; mais, après m'avoir salué froidement, il me déclara en deux mots que M. le gouverneur me défendait d'y penser, et qu'il avait d'autres vues sur Manon. « D'autres vues sur Manon? lui dis-je avec un mortel saisissement de cœur. Et quelles vues donc, Monsieur l'aumônier? »

Il me répondit que je n'ignorais pas que M. le gouverneur était le maître; que Manon ayant été envoyée de France pour la colonie, c'était à lui de disposer d'elle; qu'il ne l'avait pas fait jusqu'alors, parce qu'il la croyait mariée; mais qu'ayant appris de moi-même qu'elle ne l'était point, il jugeait à propos de la donner à M. Synnelet, qui en était amoureux.

Ma vivacité l'emporta sur ma prudence. J'ordonnai fièrement à l'aumônier de sortir de ma maison, en jurant que le gouverneur, Synnelet et toute la ville ensemble, n'oseraient porter la main sur ma femme, ou ma maîtresse, comme ils voudraient l'appeler.

Je fis part aussitôt à Manon du funeste message que je venais de recevoir. Nous jugeâmes que Synnelet avait séduit l'esprit de son oncle depuis mon retour, et c'était l'effet de quelque dessein médité depuis longtemps. Ils étaient les plus forts. Nous nous trouvions dans la Nouvelle-Orléans comme au milieu de la mer, c'est-à-dire séparés du reste du monde par des espaces immenses. Où fuir, dans un pays inconnu, désert, ou habité par des bêtes féroces et par des sauvages aussi barbares qu'elles? J'étais estimé dans la ville, mais je ne pouvais espérer d'émouvoir assez le peuple en ma faveur pour en espérer un secours proportionné au mal. Il eût fallu de l'argent; j'étais pauvre. D'ailleurs le succès d'une émotion populaire était incertain; et, si la fortune nous eût manqué, notre malheur serait devenu sans remède.

Je roulais toutes ces pensées dans ma tête; j'en communiquais une partie à Manon; j'en formais de nouvelles sans écouter sa réponse; je prenais un parti, je le rejetais pour en prendre un autre; je parlais seul, je répondais tout haut à mes pensées; enfin j'étais dans une agitation que je ne saurais comparer à rien, parce qu'il n'y en eut jamais d'égale. Manon avait les yeux sur moi: elle jugeait par mon trouble de la grandeur du péril, et, tremblant pour moi plus que pour elle-même, cette tendre fille n'osait pas même ouvrir la bouche pour m'exprimer ses craintes.

Après une infinité de réflexions, je m'arrêtai à la résolution d'aller trouver le gouverneur, pour m'efforcer de le toucher par mes considérations d'honneur et par le souvenir de mon respect et de son affection. Manon voulut s'opposer à ma sortie. Elle me disait, les larmes aux yeux :

« Vous allez à la mort, ils vont vous tuer; je ne vous verrai plus; je veux mourir avant vous! »

Il fallut beaucoup d'efforts pour la persuader de la nécessité où j'étais de sortir, et de celle qu'il y avait pour elle de demeurer au logis. Je lui promis qu'elle me reverrait dans un instant. Elle ignorait, et moi aussi, que c'était sur elle-même que devaient tomber toute la colère du Ciel et la rage de nos ennemis.

Je me rendis au fort; le gouverneur était avec son aumônier. Je m'abaissai, pour le toucher, à des soumissions qui m'auraient fait mourir de honte si je les eusse faites pour toute autre cause; je le pris par tous les motifs qui doivent faire une impression certaine sur un cœur qui n'est pas celui d'un tigre féroce et cruel.

Ce barbare ne fit à mes plaintes que deux réponses, qu'il répéta cent fois :

« Manon, me dit-il, dépendait de lui; il avait donné sa parole à son neveu. »

J'étais résolu de me modérer jusqu'à l'extrémité; je me contentai de lui dire que je le croyais trop de mes amis pour vouloir ma mort, à laquelle je consentirais plutôt qu'à la perte de ma maîtresse.

Je fus trop persuadé, en sortant, que je n'avais rien à espérer de cet opiniâtre vieillard, qui se serait damné mille fois pour son neveu. Cependant je persistai dans le dessein de conserver jusqu'à la fin un air de modération, résolu, si l'on en venait à des excès d'injustice, de donner à l'Amérique une des plus sanglantes et des plus horribles scènes que l'amour ait jamais produites.

Je retournais chez moi en méditant sur ce projet, lorsque le sort, qui voulait hâter ma ruine, me fit rencontrer Synnelet. Il lut dans mes yeux une partie de mes pensées. J'ai dit qu'il était brave : il vint à moi.

« Ne me cherchez-vous pas ? me dit-il, je connais que mes desseins vous offensent, et j'ai bien prévu qu'il faudrait se couper la gorge avec vous : allons voir qui sera le plus heureux. »

Je lui répondis qu'il avait raison, et qu'il n'y avait que ma mort qui pût finir nos différends.

Nous nous écartâmes d'une centaine de pas hors de la ville. Nos épées se croisèrent; je le blessai et le désarmai presque en même temps. Il fut si enragé de son malheur, qu'il refusa de me demander la vie et de renoncer à Manon. J'avais peut-être droit de lui ôter tout d'un coup l'une et l'autre; mais un sang généreux ne se dément jamais. Je lui jetai son épée.

« Recommençons, lui dis-je, et songez que c'est sans quartier ! »

Il m'attaqua avec une furie inexprimable. Je dois confesser que je n'étais pas fort dans les armes, n'ayant eu que trois mois de salle à Paris. L'amour conduisait mon épée. Synnelet ne laissa pas de me percer le bras d'outre en outre ; mais je le pris sur le temps, et je lui fournis un coup si vigoureux, qu'il tomba à mes pieds sans mouvement.

Malgré la joie que donne la victoire après un combat mortel, je réfléchis aussitôt sur les conséquences de cette mort. Il n'y avait pour moi ni grâce ni délai de supplice à espérer. Connaissant, comme je faisais, la passion du gouverneur pour son neveu, j'étais certain que ma mort ne serait pas différée d'une heure après la connaissance de la sienne. Quelque pressante que fût cette crainte, elle n'était pas la plus forte cause de mon inquiétude. Manon, l'intérêt de Manon, son péril et la nécessité de la perdre, me troublaient jusqu'à répandre de l'obscurité sur mes yeux et à empêcher de reconnaître le lieu où j'étais. Je regrettai le sort de Synnelet : une prompte mort me semblait le seul remède de mes peines.

Cependant ce fut cette pensée même qui me fit rappeler vivement mes esprits, et qui me rendit capable de prendre une résolution.

« Quoi! je veux mourir, m'écriai-je, pour finir mes peines! Il y en a donc que j'appréhende plus que la perte de ce que j'aime? Ah! souffrons jusqu'aux plus cruelles extrémités pour secourir ma maîtresse, et remettons à mourir après les avoir souffertes inutilement. »

Je repris le chemin de la ville. J'entrai chez moi, j'y trouvai Manon à demi morte de frayeur et d'inquiétude. Ma présence la ranima. Je ne pouvais lui déguiser le terrible accident qui venait de m'arriver. Elle tomba sans connaissance entre mes bras, au récit de la mort de Synnelet et de ma blessure. J'employai plus d'un quart d'heure à lui faire retrouver le sentiment.

J'étais à demi mort moi-même; je ne voyais pas le moindre jour à sa sûreté ni à la mienne.

« Manon, que ferons-nous? lui dis-je lorsqu'elle eut repris un peu de force; hélas! qu'allons-nous faire? Il faut nécessairement que je m'éloigne. Voulez-vous demeurer dans la ville? Oui, demeurez-y; vous pouvez encore y être heureuse; et moi je vais, loin de vous, chercher la mort parmi les sauvages, ou entre les griffes des bêtes féroces. »

Elle se leva malgré sa faiblesse ; elle me prit par la main pour me conduire vers la porte.

« Fuyons ensemble, me dit-elle ; ne perdons pas un instant. Le corps de Synnelet peut avoir été trouvé par hasard, et nous n'aurions pas le temps de nous éloigner.

— Mais, chère Manon, repris-je tout éperdu, dites-moi donc où nous pouvons aller. Voyez-vous quelque ressource ? Ne vaut-il pas mieux que vous tâchiez de vivre ici sans moi, et que je porte volontairement ma tête au gouverneur ! »

Cette proposition ne fit qu'augmenter son ardeur à partir ; il fallut la suivre. J'eus encore assez de présence d'esprit, en sortant, pour prendre quelques liqueurs fortes que j'avais dans ma chambre, et toutes les provisions que je pus faire entrer dans mes poches. Nous dîmes à nos domestiques, qui étaient dans la chambre voisine, que nous partions pour la promenade du soir (nous avions cette coutume tous les jours), et nous nous éloignâmes de la ville plus promptement que la délicatesse de Manon ne semblait le permettre.

Quoique je ne fusse pas sorti de mon irrésolution sur le lieu de notre retraite, je ne laissais pas d'avoir deux espérances, sans lesquelles j'aurais préféré la mort à l'incertitude de ce qui pouvait arriver à Manon. J'avais acquis assez de connaissance du pays, depuis près de dix mois que j'étais en Amé-que, pour ne pas ignorer de quelle manière on apprivoisait les sauvages. On pouvait se mettre en leurs mains sans courir à une mort certaine. J'avais même appris quelques mots de leur langue et quelques-unes de leurs coutumes, dans les diverses occasions que j'avais eues de les voir.

Avec cette triste ressource, j'en avais une autre du côté des Anglais, qui ont, comme nous, des établissements dans cette partie du Nouveau-Monde. Mais j'étais effrayé de l'éloignement : nous avions à traverser, jusqu'à leurs colonies, de stériles campagnes de plusieurs journées de longueur, et quelques montagnes si hautes et si escarpées, que le chemin en paraissait difficile aux hommes les plus grossiers et les plus vigoureux. Je me flattais néanmoins que nous pourrions tirer parti de ces deux ressources : des sauvages pour aider à nous conduire, et des Anglais pour nous recevoir dans leurs habitations.

Nous marchâmes aussi longtemps que le courage de Manon put la soutenir, c'est-à-dire environ deux lieues, car cette amante incomparable refusa constamment de s'arrêter plus tôt. Accablée enfin de lassitude, elle me confessa qu'il lui était impossible d'avancer davantage. Il était déjà nuit ; nous nous assîmes au milieu d'une vaste plaine, sans avoir pu trouver un arbre pour nous mettre à couvert. Son premier soin fut de changer le linge de ma blessure, qu'elle avait pansée elle-même avant notre départ. Je m'opposai en vain à ses volontés ; j'aurais achevé de l'accabler mortellement si je lui eusse refusé la satisfaction de me croire à mon aise et sans danger, avant que de penser à sa propre conservation. Je me soumis durant quelques moments à ses désirs ; je reçus ses soins en silence et avec honte.

Mais lorsqu'elle eut satisfait sa tendresse, avec quelle ardeur la mienne ne reprit-elle pas son tour ! Je me dépouillai de tous mes habits, pour lui faire trouver la terre moins dure en les étendant sous elle. Je la fis consentir, malgré elle, à me voir employer à son usage tout ce que je pus imaginer de moins incommode. J'échauffai ses mains par mes baisers ardents et par la chaleur de mes soupirs. Je passai la nuit entière à veiller près d'elle et à prier le Ciel de lui accorder un sommeil doux et paisible. O Dieu ! que mes vœux étaient vifs et sincères ! et par quel rigoureux jugement aviez-vous résolu de ne pas les exaucer ?

Pardonnez si j'achève en peu de mots un

récit qui me tue. Je vous raconte un malheur qui n'eut jamais d'exemple ; toute ma vie est destinée à le pleurer. Mais, quoique je le porte sans cesse dans ma mémoire, mon âme semble reculer d'horreur chaque fois que j'entreprends de l'exprimer.

Nous avions passé tranquillement une partie de la nuit ; je croyais ma chère maîtresse endormie, et je n'osais pousser le moindre souffle, dans la crainte de troubler son sommeil. Je m'aperçus dès le point du jour, en touchant ses mains, qu'elle les avait froides et tremblantes ; je les approchai de mon sein pour les échauffer. Elle sentit ce mouvement, et, faisant un effort pour saisir les miennes, elle me dit d'une voix faible qu'elle se croyait à sa dernière heure.

Je ne pris d'abord ce discours que pour un langage ordinaire dans l'infortune, et je n'y répondis que par les tendres consolations de l'amour. Mais ses soupirs fréquents, son silence à mes interrogations, le serrement de ses mains, dans lesquelles elle continuait de tenir les miennes, me firent connaître que la fin de ses malheurs approchait.

N'exigez point de moi que je vous décrive mes sentiments, ni que je vous rapporte ses dernières expressions. Je la perdis ; je reçus d'elle des marques d'amour au moment même qu'elle expirait ; c'est tout ce que j'ai la force de vous apprendre de ce fatal et déplorable événement.

Mon âme ne suivit pas la sienne. Le Ciel ne me trouva point sans doute assez rigoureusement puni ; il a voulu que j'aie traîné depuis une vie languissante et misérable. Je renonce volontairement à la mener jamais plus heureuse.

Je demeurai plus de vingt-quatre heures la bouche attachée sur le visage et sur les mains de Manon. Mon dessein était d'y mourir ; mais je fis réflexion au commencement du second jour, que son corps serait exposé, après mon trépas, à devenir la pâture des bêtes sauvages. Je formai la résolution de l'enterrer, et d'attendre la mort sur sa fosse. J'étais déjà si proche de ma fin, par l'affaiblissement que le jeûne et la douleur m'avaient causé, que j'eus besoin de quantité d'efforts pour me tenir debout. Je fus obligé de recourir aux liqueurs que j'avais apportées ; elles me rendirent autant de forces qu'il en fallait pour le triste office que j'allais exécuter. Il ne m'était pas difficile d'ouvrir la terre dans le lieu où je me trouvais ; c'était une campagne couverte de sable. Je rompis mon épée pour m'en servir à creuser ; mais j'en tirai moins de secours que de mes mains. J'ouvris une large fosse ; j'y plaçai l'idole de mon cœur, après avoir pris soin de l'envelopper de tous mes habits pour empêcher le sable de la toucher. Je ne la mis dans cet état qu'après l'avoir embrassée mille fois avec toute l'ardeur du plus parfait amour. Je m'assis encore près d'elle; je la considérai longtemps; je ne pouvais me résoudre à fermer sa fosse. Enfin mes forces recommençant à s'affaiblir, et craignant d'en manquer tout à fait avant la fin de mon entreprise, j'ensevelis pour toujours dans le sein de la terre ce qu'elle avait porté de plus parfait et de plus aimable; je me couchai ensuite sur la fosse, le visage tourné vers le sable, et, fermant les yeux avec le dessein de ne les ouvrir jamais, j'invoquai le secours du Ciel, et j'attendis la mort avec impatience.

Ce qui vous paraîtra difficile à croire, c'est que pendant tout l'exercice de ce lugubre ministère il ne sortit point une larme de mes yeux ni un soupir de ma bouche. La consternation profonde où j'étais, et le dessein déterminé de mourir, avaient coupé le cours à toutes les expressions du désespoir et de la douleur. Aussi ne demeurai-je pas longtemps dans la posture où j'étais sur la fosse sans perdre le peu de connaissance et de sentiment qui me restaient.

Après ce que vous venez d'entendre, la conclusion de mon histoire est de si peu d'importance, qu'elle ne mérite pas la peine que vous voulez bien prendre à l'écouter. Le corps de Synnelet ayant été rapporté à la ville, et ses plaies visitées avec soin, il se trouva, non seulement qu'il n'était pas mort, mais qu'il n'avait pas même reçu de blessure dangereuse. Il apprit à son oncle de quelle manière les choses s'étaient passées entre nous, et sa générosité le porta sur-le-champ à publier les effets de la mienne. On me fit chercher, et mon absence avec Manon me fit soupçonner d'avoir pris le parti de la fuite. Il était trop tard pour envoyer sur mes traces; mais le lendemain et le jour suivant furent employés à me poursuivre.

On me trouva sans apparence de vie sur la fosse de Manon, et ceux qui me découvrirent en cet état, me voyant presque nu et tout sanglant de ma blessure, ne doutèrent point que je n'eusse été volé et assassiné. Ils me portèrent à la ville. Le mouvement du transport réveilla mes sens. Les soupirs que je poussai en ouvrant les yeux, et en gémissant de me trouver parmi les vivants, firent connaître que j'étais encore en état de recevoir des secours: on m'en donna de trop heureux.

Je ne laissai pas d'être renfermé dans une étroite prison. Mon procès fut instruit; et comme Manon ne paraissait point, on m'accusa de m'être défait d'elle par un mouvement de rage et de jalousie. Je racontai naturellement ma pitoyable aventure. Synnelet, malgré les transports de douleur où ce récit le jeta, eut la générosité de solliciter ma grâce. Il l'obtint.

J'étais si faible qu'on fut obligé de me transporter de la prison dans mon lit, où je fus retenu pendant trois mois par une violente maladie. Ma haine pour la vie ne diminuait point; j'invoquai continuellement la mort, et je m'obstinai longtemps à rejeter tous les remèdes. Mais le Ciel, après m'avoir puni avec tant de rigueur, avait dessein de me rendre utiles mes malheurs et ses châtiments: il m'éclaira de ses lumières, qui me firent rappeler des idées dignes de ma naissance et de mon éducation.

La tranquillité ayant commencé à renaître un peu dans mon âme, ce changement fut suivi de près par ma guérison. Je me livrai entièrement aux inspirations de l'honneur, et je continuai de remplir mon petit emploi, en attendant les vaisseaux de France, qui vont une fois chaque année dans cette partie de l'Amérique. J'étais résolu de retourner dans ma patrie, pour y réparer, par une vie sage et réglée, le scandale de ma conduite. Synnelet avait pris soin de faire transporter le corps de ma chère maîtresse dans un lieu honorable.

Ce fut environ six semaines après mon rétablissement que, me promenant seul un jour sur le rivage, je vis arriver un vaisseau que des affaires de commerce amenaient à la Nouvelle-Orléans. J'étais attentif au débarquement de l'équipage. Je fus frappé d'une surprise extrême en reconnaissant Tiberge parmi ceux qui s'avançaient vers la ville. Il m'apprit que l'unique motif de son voyage avait été le désir de me voir et de m'engager à retourner en France; qu'ayant reçu la lettre que je lui avais écrite au Havre, il s'y était rendu en personne pour me porter les secours que je lui demandais; qu'il avait ressenti la plus vive douleur en apprenant mon départ, et qu'il serait parti sur le champ pour me suivre s'il eût trouvé un vaisseau prêt à faire voile; qu'il en avait cherché pendant plusieurs mois dans divers ports, et qu'en ayant enfin rencontré un à Saint-Malo, qui levait l'ancre pour la Martinique, il s'y était embarqué, dans l'espérance de se procurer de là un passage facile à la Nouvelle-Orléans; que, le vaisseau malouin ayant été pris par des corsaires espagnols, et conduit dans une de leurs îles, il s'était échappé par adresse, et qu'après diverses courses, il avait trouvé l'occasion du petit bâtiment qui venait d'arriver pour se rendre heureusement près de moi.

Je ne pouvais marquer trop de reconnaissance pour un ami si généreux et si constant. Je le conduisis chez moi; je le rendis le maître de tout ce que je possédais. Je lui appris tout ce qui m'était arrivé depuis mon départ de France; et pour lui causer une joie à laquelle il ne s'attendait pas, je lui déclarai que les semences de vertu qu'il avait jetées autrefois dans mon cœur commençaient à produire des fruits dont il allait être satisfait. Il me protesta qu'une si douce assurance le dédommageait de toutes les fatigues de son voyage.

Nous avons passé deux mois ensemble à la Nouvelle-Orléans pour attendre l'arrivée des vaisseaux de France, et, nous étant enfin mis en mer, nous prîmes terre il y a quinze jours au Havre-de-Grâce. J'écrivis à ma famille en arrivant. J'ai appris, par la réponse de mon frère aîné, la triste nouvelle de la mort de mon père, à laquelle je tremble, avec trop de raison, que mes égarements n'aient contribué. Le vent étant favorable pour Calais, je me suis embarqué aussitôt, dans le dessein de me rendre à quelques lieues de cette ville, chez un gentilhomme de mes parents, où mon frère m'écrit qu'il doit attendre mon arrivée.

TABLE

DU TOME DEUXIÈME

www.ingramcontent.com/pod-product-compliance
Ingram Content Group UK Ltd.
Pitfield, Milton Keynes, MK11 3LW, UK
UKHW021119220726
13924UKWH00004B/1812